Anselm Grün

Vertrauen schenken, Vertrauen stärken

Anselm Grün

Vertrauen schenken, Vertrauen stärken

Was unserem Leben Halt und Richtung gibt

Herausgegeben von Rudolf Walter

HERDER

FREIBURG · BASEL · WIEN

Ein einfach-leben-Buch

MIX
Papier aus verantwortungsvollen Quellen
FSC® C014496

www.herder.de

Umschlaggestaltung: Gestaltungssaal, Rosenheim
Umschlagmotiv: © Annette Shaff/shutterstock
Satz: Dtp-Satzservice Peter Huber, Freiburg
Herstellung: GGP Media GmbH, Pößneck
Printed in Germany

ISBN: 978-3-451-00816-0

Inhalt

Vorwort

Soziologen haben das letzte Jahrhundert ein „Jahrhundert der Angst“ genannt. Ängste suchen die Menschen aber auch in unseren Tagen heim: Da ist nicht nur die Angst vor der Klimakatastrophe, die Angst vor einer immer größer werdenden Spaltung der Gesellschaft, die Angst vor Altersarmut und Hilflosigkeit oder Krankheit und Vereinsamung im Alter, und immer wieder auch die Angst vor dem Scheitern des eigenen Lebensentwurfes. Auch eine Angst, den Anforderungen der sich so rasant ändernden Welt nicht gewachsen zu sein greift um sich. Angst kann wie ein Alarmsystem wirken, das uns auf Gefahren aufmerksam macht und in uns Kräfte mobilisiert, uns zu schützen. Aber es gibt auch eine Angst, die uns lähmt, die uns beherrscht und uns immer mehr in uns selbst einschließt. Dann verlieren wir Halt, Sicherheit und Orientierung.

Die Psychologie hat uns wichtige Wege aufgezeigt, wie wir mitten in unserer Angst Vertrauen lernen können. Sie fragt nach den Ursachen der Angst und kümmert sich um ihre Entstehungsgeschichte im Leben des Einzelnen. Die Verhaltenspsychologie sieht den Grund dafür in unangemessenen Deutungen, die wir den Phänomenen um uns herum geben und versucht, diese Deutungen in Frage zu stellen und durch angemessenere Deutungen zu ersetzen.

Auch die spirituelle Tradition hat Erfahrungen im Umgang mit der Angst gesammelt. Schon die Bibel zeigt uns Wege, auf andere Weise mit der Angst umzugehen. Es geht dabei nicht darum, dieses Gefühl zu unterdrücken. Denn je mehr wir gegen die Angst kämpfen, desto stärker wird sie uns verfolgen. Der spirituelle Weg, mit der Angst umzugehen, ist das Gespräch mit der Angst. Was will die Angst mir sagen? Was macht mir Angst? Und warum macht es mir Angst? Weist mich die Angst auf falsche Grundannahmen für mein Leben hin, auf übertriebene Maßstäbe, denen ich mich unterwerfe, oder auf ein Selbstbild, das meiner Wirklichkeit nicht gerecht wird und mich überfordert? Die Angst kann zur Lehrmeisterin werden und sie möchte mich ermutigen, barmherziger mit mir selbst umzugehen, mich nicht ständig über übertriebene Erwartungen an mich selbst zu überfordern. Exegeten haben gezählt, dass in der Bibel 365 mal das Wort vorkommt: „Fürchte dich nicht!“ Die Bibel ist also ein Buch gegen die Angst, ein Buch, das uns mitten in der Angst ermutigt, dem Leben zu trauen und auf Gott zu vertrauen, der uns hält.

Die Angst ist mit unserer menschlichen Existenz gegeben. Martin Heidegger hat in seinem berühmten Werk „Sein und Zeit“ (1927) Angst als Grundbefindlichkeit des Menschen beschrieben: Sie zeigt dem Menschen, dass er in der Welt letztlich nicht zuhause ist. Sie zwingt uns zu erkennen, was das Wesen unserer Existenz ist. Eine Theologie, die diese Analysen ernst nimmt, sieht die Angst als eine Einladung, mein Leben letztlich in Gott zu gründen. Angst, so verstanden, stellt mich vor die Frage, woher ich mich eigentlich definiere: Von den Menschen und ihren Erwartungen und ihren Meinungen her oder letztlich von Gott her? Die Angst ist kein Gegensatz zum Glauben an Gott. Sie treibt mich vielmehr immer wieder auf Gott hin, dass ich in Gott meinen Grund suche und nicht in der Anerkennung durch die Menschen.

Die existentielle Psychotherapie, wie sie Irwin D. Yalom entwickelt hat, wirft der klassischen Psychoanalyse eines Sigmund Freud vor, dass sie das Phänomen der Todesangst völlig verdrängt hat. Aber das Gelingen des Lebens – so meint Yalom – hängt davon ab, ob ich mich der Todesangst stelle und sie in mein Leben integriere. Viele psychische Krankheiten sind letztlich der Versuch, der Todesangst aus dem Weg zu gehen. Heilung gelingt erst, wenn wir uns der Todesangst stellen.

Philosophie, Psychologie und Theologie stimmen darin überein: Wir können über das Vertrauen nur sprechen auf dem Hintergrund der Angst. Denn Vertrauen ist das Gegenteil von Angst und zugleich ist es die Heilung der Angst, die uns umtreibt. Vertrauen löst die Angst nicht auf. Sie nimmt ihr aber ihre Macht.

Bereits die Wüstenväter des 4. Jahrhunderts haben die Angst in ihrem Herzen ernst genommen. Aber sie haben sie relativiert, indem sie in die Angst die Worte aus Psalm 118 hinein gesprochen haben: „Der Herr ist mit mir. Ich fürchte mich nicht. Was können Menschen mir antun?“ Mit diesen Worten wollten sie die Angst nicht vertreiben. Sie gingen davon aus, was C.G. Jung 1600 Jahre später in einer psychologischen Sprache beschrieben hat: dass der Mensch immer zwei Pole hat, den Pol der Angst und den Pol des Vertrauens. Jeder spürt in sich immer beides. Wenn ich direkt gegen die Angst kämpfe, wird sie nur stärker. Die Mönche haben die Vertrauensworte in ihre Angst hinein gesprochen, damit sie mitten in ihrer Angst in Berührung kommen mit dem Vertrauen, das auch schon auf dem Grund ihrer Seele da ist, von dem sie sich aber oft abgeschnitten fühlen. Daher geht es darum, mitten in der Angst, das Vertrauen zu entdecken, das tief in unserer Seele verankert ist. Das Wort aus Psalm 118 weckt das Vertrauen in uns auf, so dass es vom Grund der Seele in unser Bewusstsein steigt. Dann wird die Angst in uns relativiert und das Vertrauen wächst langsam und wird immer stärker.

Vertrauen kann man in verschiedenen Aspekten beschreiben: Selbstvertrauen, Vertrauen zum anderen Menschen und Vertrauen in Gott. Diese drei Formen des Vertrauens gehören zusammen. Ich kann einem anderen nur vertrauen, wenn ich mir selbst vertraue. Und nur von einem Menschen, der keine Angst hat vor der eigenen Wahrheit, geht Vertrauen zu anderen aus. Das Vertrauen zum anderen hängt auch davon ab, dass ich keine Angst vor mir selbst habe. Viele trauen sich nicht, sich auf den Anderen einzulassen. Denn sie haben Angst, dass die anderen, je näher sie ihnen kommen, umso klarer ihre Schwächen erkennen werden. Aber sie möchten diese Schwächen verbergen. Auf der einen Seite sehnen sie sich nach Nähe und nach Vertrauen. Auf der anderen Seite weichen sie zurück, wenn andere ihnen näher kommen. Denn dann könnten sie ja die verdrängten Schwächen entdecken, die man vor aller Welt verborgen halten möchte. Sich selbst vertrauen heißt nicht, dass ich voller Selbstbewusstsein auftrete. Manchmal ist ein zu stark dargestelltes Selbstvertrauen Zeichen von Unsicherheit. Wer sich selbst vertraut, muss sich nicht ständig vor anderen darstellen. Sein Selbstvertrauen hängt nicht von der Bestätigung durch die Umwelt ab. Er traut sich selbst und ist daher frei, sich vor anderen ständig beweisen zu müssen.

Selbstvertrauen und Vertrauen zum anderen Menschen haben ihren Grund im Vertrauen auf einen tieferen, tragenden Grund, auf Gott. Wenn ich mich von ihm getragen und angenommen weiß, werde ich fähig, mich selbst anzunehmen und zu mir zu stehen. Selbstvertrauen zeigt sich darin, dass ich zu mir stehen, dass ich für mich einstehen kann. Wenn ich in Gott meinen Grund habe, oder – wie der hl. Paulus sagt – wenn ich im Glauben feststehe, dann kann ich auch zu mir stehen. Und wer zu sich stehen kann, der kann auch vor anderen Menschen für sich einstehen. Er muss sich nicht ständig verbiegen, um bei anderen Anerkennung und Bestätigung zu erhalten. Er steht zu sich wie ein Baum. Er steht einfach da.

Ich kann mir das Vertrauen allerdings nicht einfach befehlen. Ich kann mich auch nicht für das Vertrauen einfach durch einen Willensakt entscheiden. Aber ich kann mitten in den Ängsten, die ich mir selber eingestehe, die Hoffnung auf Gott setzen, dass er mich auch in den Krisen des Lebens begleitet und darauf vertrauen, dass ich auch dann, wenn die Zukunft der Welt immer dunkler wird, von seiner Fürsorge begleitet bin, dass ich – auch wenn es nach außen hin schwieriger wird – nicht scheitern werde. So sind gerade die Ängste, die die Menschen wegen ihrer persönlichen Zukunft und wegen der Zukunft der Welt umtreiben, eine Herausforderung, den tieferen Grund eines Vertrauens zu entdecken, der diesen Ängsten standhält.

So wünsche ich den Lesern und Leserinnen dieses Buches, dass sie den Mut haben, sich ihren Ängsten zu stellen, dass sie aber zugleich in sich auch das Vertrauen spüren, das Gott in den Grund unserer Seele eingepflanzt hat, und dass das Vertrauen auf Gottes Segen, der uns immer und überall begleitet, uns inneren Halt und unserem Leben Richtung gibt. Und dass dieses Vertrauen auch die Ängste schwächer werden lässt und letztlich überwindet.

1

DEM LEBEN TRAUEN – URBILDER

Abraham – Auszug aus Vertrautem

Das Urbild des Vertrauens auf Gott ist in der Bibel Abraham. Er zieht auf das Wort Gottes hin aus aus dem Vertrauten, in dem er sich bisher geborgen und getragen wusste. Vertrauen ist für Abraham also nicht rückwärts orientiert, sondern eröffnet einen Raum in die Zukunft. Abraham weint nicht seiner Heimat nach, sondern er macht sich auf, eine neue Heimat zu suchen. Schon der Hebräerbrief hat das Vertrauen des Abrahams als Urbild des Glaubens gepriesen: „Er zog weg, ohne zu wissen, wohin er kommen würde." (Hebr 11,8) Und er spricht von der Heimat, die Abraham und die Seinen suchten: „Hätten sie dabei an die Heimat gedacht, aus der sie weggezogen waren, so wäre ihnen Zeit geblieben zurückzukehren: nun aber streben sie nach einer besseren Heimat, nämlich der himmlischen." (Hebr 11,15f)

Glauben und Vertrauen gehören für die Bibel zusammen. Wer auf Gott vertraut, der ist bereit, das zu lassen, woran er seine bisherige Existenz festgemacht hat, seinen Besitz zu lassen, seine Heimat zu verlassen, um nach einer inneren Heimat zu suchen. Allerdings malt uns die Bibel kein idealistisches Bild von Abraham. Auf seinem Weg in die Heimat, die Gott ihm angewiesen hat, wird er immer wieder auch von Misstrauen geprägt. Als er in Ägypten weilt, hat er Angst, der Pharao könnte ihn umbringen, weil er eine so schöne Frau habe. Also gab er sie als seine Schwester aus. Unser Weg zu Gott wird immer auch von Misstrauen begleitet sein. Wir machen uns auf den Weg. Aber wir möchten uns doch wieder absichern. Wir trauen dem Gott, der uns gerufen hat, doch nicht genügend. Wir treffen eigene Vorkehrungen, dass uns nichts Unvorhergesehenes widerfährt.

Vertrauen bedeutet, immer wieder Vertrautes zu lassen und sich auf Neues einzulassen. Das Vertraute schafft Vertrauen. Aber es kann auch festhalten. Das Vertrauen, zu dem Gott uns ermutigt, hilft uns auch, das, was uns bisher Heimat schenkte, loszulassen. Es lädt uns ein, uns auf Neues einzulassen. Weil wir in Gott unseren Halt haben, können wir das lassen, was uns hier Halt gibt: die Gewohnheiten der Vergangenheit, den Besitz, das Haus, in dem wir zuhause sind, die Beziehungen, die wir in unserer Heimat geknüpft haben. So ist das Vertrauen die Bedingung, das Leben in die Hand zu nehmen und es im Vertrauen auf Gott selbst zu gestalten.

Moses – Ermutigung eines Schwachen

Gott hat Mose zu Großem berufen. Doch der traut es sich selbst nicht zu, vor sein Volk hinzutreten und zu sagen: „Im Auftrag Gottes soll ich euch aus Ägypten in das Gelobte Land führen." Gott stärkt ihn, indem er ihn zwei Zauberstücke lehrt: Er soll seinen Stab auf die Erde werfen und er wird zur Schlange werden. Und er soll seine Hand in den Gewandbausch stecken. Dann wird sie aussätzig werden. Doch selbst diese beiden Fähigkeiten befreien Mose nicht von seinen Hemmungen. Er wirft ein, dass seine Zunge schwerfällig ist und er nicht gut reden kann. Gott wird zunächst zornig. Doch dann verweist er ihn auf seinen Bruder Aaron. Der soll für ihn und an seiner Statt zum Volk sprechen.

Mose ist der große und starke Führer. Doch die Kraft, in die er hinein gewachsen ist, um sich durchzusetzen: gegen den Widerstand des Pharao, gegen das ständige Murren seines Volkes, diese Kraft war nicht von Anfang an in ihm. Gott musste ihn erst ermutigen. Das ist auch für uns Ermutigung: Wir müssen nicht alles gleich können, wozu uns Gott beruft. Er wird uns die Fähigkeiten geben, die wir brauchen, um den Auftrag und die Sendung zu erfüllen, zu der wir uns von den leisen Impulsen unserer Seele berufen fühlen. Wir haben nicht aus uns heraus alles, was wir brauchen. Aber in dem Augenblick, in dem wir uns einlassen auf eine Aufgabe, die uns zugetraut wird, werden wir auch die Kraft in uns spüren, um die Aufgabe zu erfüllen.

Maria – In aller Ungewissheit vertrauen

Dass Angst und Vertrauen in besonderer Weise aufeinander bezogen sind, zeigt sich an vielen Geschichten des Neuen Testaments. Lukas legt in seiner Erzählung von der Geburt Jesu besonderen Wert auf das Vertrauen und den Glauben Marias. Maria wird zum Vorbild eines vertrauenden und glaubenden Menschen. Während Zacharias auf die Erscheinung des Engels mit Angst reagiert, lässt sich Maria voller Vertrauen ein auf die Begegnung mit dem Engel. Als der Engel bei ihr eintritt und sie begrüßt, erschrickt auch Maria. Aber sie reagiert nicht mit Furcht, sondern überlegt stattdessen, was der Gruß zu bedeuten hat. Der Mann, der doch sonst eher als rational und überlegt eingeschätzt wird, reagiert mit Panik auf die Verheißung des Neuen, während die Frau die Fassung bewahrt und nachdenkt. Im Griechischen steht: „dielogizeto = die Worte in sich bewegen, nachdenken, überlegen, mit dem Verstand bedenken". In diese Überlegung hinein spricht ihr der Engel Vertrauen zu: „Fürchte dich nicht, Maria; denn du hast bei Gott Gnade gefunden. Du wirst ein Kind empfangen, einen Sohn wirst du gebären; dem sollst du den Namen Jesus geben." (Lk 1,30f). Maria antwortet auf das Neue, das Gott ihr zutraut, mit der Bereitschaft, sich darauf einzulassen, auch wenn sie nicht vorhersehen kann, was es für sie bedeuten wird. Ihre Antwort: „Mir geschehe, wie du es gesagt hast" (Lk 1,38) offenbart ihren Mut. Sie lässt sich auf das Abenteuer ein, auf das Gott sie einlädt.

Vertrauen spielt im Evangelium eine zentrale Rolle. Lukas schildert uns Maria als Urbild des Vertrauens. Jesus ist im Evangelium der, der uns Vertrauen schenkt. Maria wird uns als die vertrauende Frau vor Augen geführt. Doch was können wir von Maria lernen? Wenn wir voller Angst sind, dann hilft uns das Vertrauen Marias auch nicht weiter. Vielleicht bekommen wir sogar noch Schuldgefühle, weil wir nicht so vertrauen können wie Maria. Lukas lädt uns in seinem Evangelium ein, Marias Reaktion auf das Geschehen zu meditieren. Und indem wir das Vertrauen Marias anschauen, kann es in uns eindringen. In der Meditation verinnerlichen wir ihr Vertrauen. Und auf einmal werden wir fähig, wie Maria zu vertrauen. Wir verstummen dann nicht aus Angst vor dem Neuen wie Zacharias, sondern wir bekommen Mut, wie Maria über unsere Gefühle zu sprechen und uns auf das Unaussprechliche und Unsagbare einzulassen, das uns erwartet.

Das „Fiat" der Maria wurde für viele im Glauben verankerte Menschen zum Modell einer Antwort auf ihre eigene Angst vor dem Neuen. Auf das Neue, das in der Geburt eines Kindes auf uns zukommt, und auf das Neue, das uns im Sterben erwartet, können wir nur mit Maria antworten: „Ja, Herr." Wir haben keine Gewissheit, was auf uns zukommen wird. Sicherheit hatte Maria auch nicht. Sie musste schon bald erfahren, dass dieses Neue für sie auch Leid bringen werde. Der greise Simeon wird ihr nach der Geburt ihres Kindes sagen: „Dir selbst wird ein Schwert durch die Seele dringen." (Lk 2,35). Das Neue ist wie ein Schwert, das unser Herz durchdringt, das uns verletzt und Altes von Neuem scheidet. Das Neue kann das Alte verwandeln. Aber manchmal wird es das Alte auch abschneiden, weil dies das Neue sonst hindern würde. Da brauchen wir wie Maria den Engel, der uns Vertrauen zuspricht. Und wir brauchen Maria als Vorbild des Vertrauens. In der Geschichte christlicher Spiritualität haben viele Menschen im Blick auf sie das Vertrauen gefunden, mitten in ihrer Angst vor dem Ungewissen die Worte der jungen Frau aus Nazaret nachzusprechen: „Mir geschehe, wie du es gesagt hast."

Josef – Wenn Neues ins Leben einbricht

Matthäus und Lukas beginnen ihr Evangelium jeweils mit der Geschichte der Kindheit Jesu. Doch sie beschreiben weniger die Angst des Kindes als vielmehr die Angst der Erwachsenen vor dem Neuen, das in Gestalt des Kindes in ihr Leben einbricht. Matthäus schildert drei verschiedene Reaktionen auf den Einbruch des Neuen. Josef ist verwirrt durch die Schwangerschaft seiner Verlobten. Er möchte sie heimlich entlassen, sie also ohne rechtliche Sanktionen wieder freigeben. Normalerweise sollte eine Frau, die vor der Ehe schwanger war, gesteinigt werden. Josef wollte nicht dem Buchstaben des Gesetzes gerecht werden, sondern dem Menschen Maria. In seine Überlegungen hinein erscheint ihm im Traum ein Engel des Herrn und spricht ihn an: „Josef, Sohn Davids, fürchte dich nicht, Maria als deine Frau zu dir zu nehmen; denn das Kind, das sie erwartet, ist vom Heiligen Geist." (Mt 1,20) Mit dem Kind, das Maria gebiert, bricht in der Tat etwas Neues und Unvorhergesehenes in das Leben des Josef ein. Bisher hat er immer getan, was richtig ist. Er hat sich in seinem Leben eingerichtet und nach Gottes Geboten gelebt. Das hat ihm Sicherheit verliehen und zugleich Vertrauen, dass sein Leben gelingen wird. Jetzt handelt Gott an ihm auf eine Weise, die er sich nicht erklären kann. So braucht er die Ermutigung des Engels, sich nicht zu fürchten und sich auf das Neue einzulassen.

Die zweite Reaktion auf den Einbruch des Neuen zeigen uns die Magier aus dem Osten. Sie haben den Stern aufgehen sehen, der den neugeborenen König verkündet. Sie sind fasziniert und machen sich auf den Weg, um den neugeborenen König anzubeten. Ihre Antwort ist also: Sie überwinden die Angst vor dem Neuen, indem sie es in ihr Leben integrieren.

Die dritte Reaktion auf die Angst vor dem Neuen schildert uns Matthäus in der Reaktion des Königs Herodes. Herodes hat Angst vor dem Kind, das die Magier aus dem Orient als den neugeborenen König der Juden bezeichnen: „Als der König Herodes das hörte, erschrak er und mit ihm ganz Jerusalem." (Mt 2,3) Der Mächtige hat Angst, das Neue könne ihn entmachten. Herodes hatte Macht über das Land und über die Menschen. Doch seine Macht war nicht Ausdruck seiner inneren Stärke, sondern sie war geprägt von seiner Angst. In seiner Angst hat er all seine Rivalen grausam ermordet. Aus der selben Haltung heraus muss er auch nach dem neugeborenen König der Juden forschen. In seiner Angst lässt er alle Knaben bis zum Alter von zwei Jahren töten. Herodes ist in seiner Angst gefangen. Und seine Politik, die er treibt, ist eine Politik aus Angst. Und so verbreitet er überall um sich herum nur Schrecken. Menschen, die aus Angst an ihrer Macht festhalten, missbrauchen die Macht. Und sie können sich nur an der Macht halten, indem sie anderen Angst machen.

Josef hatte Angst vor dem Unerwarteten und Neuen, das er nicht in sein Weltbild einordnen konnte. Der Engel hilft ihm, diese Angst zu überwinden. Am Ende der Kindheitsgeschichte erzählt uns Matthäus noch von einer anderen Angst. Als Josef hörte, „dass in Judäa Archelaus an Stelle seines Vaters

Herodes regierte, fürchtete er sich, dorthin zu gehen" (Mt 2,22). Er hatte offensichtlich gehört, dass Archelaus genauso grausam war wie sein Vater Herodes. Daher weicht er aus und geht in das Gebiet des anderen Herodessohnes: Philippus. Hier ist es also die Angst vor den äußeren Verhältnissen, in denen das Kind nicht gut und sicher heranwachsen könnte. Das Neue braucht einen Schutzraum, damit es sich entfalten kann. Wenn die Atmosphäre, in die es hineingeboren wird, zu feindlich und zu grausam ist, kann es nicht wachsen. Es ist eine Angst, die wir alle kennen. Wir haben Angst, dass unser verletzlicher Kern untergeht in einer Umgebung, die uns feindlich gesinnt sind. Manchmal drückt sich diese Angst in unseren Träumen aus. Etwas Neues hat sich in uns angemeldet. Wir träumen von einem Kind. Wir stehen kurz davor, authentisch zu werden, mit dem ursprünglichen Bild Gottes in uns in Berührung zu kommen. Aber wir haben Angst, dass uns die äußeren Verhältnisse immer wieder in die alte Rolle zurückdrängen. Im Traum drückt sich das oft so aus, dass wir das Kind fallen lassen, es vergessen oder dass es uns geraubt wird. Wir möchten gerne ganz wir selbst sein. Aber zugleich haben wir Angst, dass wir uns an die Verhältnisse anpassen und unser wahres Bild verleugnen. Das Kind in uns ist genauso schwach wie das Kind Mariens, das Josef schützen soll. Er schützt es, indem er in ein anderes Gebiet zieht, in das Gebiet von Galiläa. Dort fühlt er sich und sein Kind geschützt. Diese Geschichte zeigt uns, wenn wir sie auf der psychologischen Ebene deuten: Wir brauchen für unser inneres Kind einen Schutzraum, damit es heranwachsen und so stark werden kann, dass es sich von den äußeren Umständen nicht mehr beeinträchtigen lässt.

Petrus – Wie Vertrauen wachsen kann

Lukas erzählt von der Berufung der ersten Jünger und berichtet, wie Jesus zwei Boote am Ufer liegen sieht, in das Boot des Simon steigt und ihn auffordert, hinauszufahren und die Netze zum Fang auszuwerfen. Obwohl die Fischer die ganze Nacht gearbeitet und nichts gefangen haben, ist Simon dazu bereit. Sie fangen so viele Fische, dass Simon seine Gefährten bitten muss, ihm mit ihrem Boot zu Hilfe zu kommen. „Als Simon Petrus das sah, fiel er Jesus zu Füßen und sagte: Herr, geh weg von mir; ich bin ein Sünder." (Lk 5,8) Er hat Angst vor diesem Mann. Er spürt das Geheimnis Jesu und zugleich sein eigenes Ungenügen, seine Durchschnittlichkeit, seine Schwächen, als einer, der es daher nicht wert ist, diesem heiligen Mann nahe zu sein. Doch Jesus antwortete ihm: „Fürchte dich nicht! Von jetzt an wirst du Menschen fangen." (Lk 5,10)

Die Reaktion des Petrus ist paradox: Er geht in die Knie und macht sich klein. Und zugleich fordert er Jesus auf, wegzugehen. Auf der einen Seite ist er von ihm fasziniert. Auf der anderen Seite traut er sich nicht, seine Faszination ernst zu nehmen und ihr zu folgen. Vor diesem Jesus erkennt er schmerzlich, wie klein und unbedeutend er ist. Vielleicht hat er von Kindheit an mitbekommen, dass er nichts taugt. Vielleicht wurde er immer wieder erniedrigt. Oder aber es war einfach die Erfahrung dieses Jesus, die ihn in die Knie zwingt und ihn erkennen lässt, dass er ein Sünder ist. „Sünder" meint hier nicht, dass sich Petrus an all seine Sünden erinnert oder daran, wie oft er die Gebote Gottes übertreten hat. Sünder ist der, der das Ziel seines Daseins verfehlt. Und Petrus hat den Eindruck: Im Vergleich zu Jesus hat er aus seinem Leben nichts gemacht. Und weil er sich vor ihm klein und unbedeutend fühlt, möchte er nichts mit ihm zu tun haben, trotz seiner Faszination und der stillen Sehnsucht, doch bei diesem Menschen bleiben zu dürfen.

Jesus heilt diese Angst des Petrus nicht nur durch die Zusage „Fürchte dich nicht!“, sondern auch indem er ihm einen Auftrag vermittelt und ihm eine Verheißung zuspricht: „Von jetzt an wirst du Menschen fangen.“ Jesus traut Petrus etwas zu. Er verlangt nicht zuerst ein Reifezeugnis oder eine Bestätigung seiner Fähigkeiten. Er glaubt an diesen Menschen, der um seine Durchschnittlichkeit weiß, und nimmt ihn in seinen Dienst auf. Hier ist es der Glaube Jesu, der die Angst des Petrus überwindet. In unserem eigenen Leben erfahren wir es immer wieder: Es ist es auch für uns eine Hilfe, wenn ein Mensch an uns glaubt. Das kann uns von der Angst befreien, wir könnten den Erwartungen der anderen nicht genügen. Wenn jemand Angst hat, eine gestellte Aufgabe nicht erfüllen zu können, dann braucht er einen Menschen, der an ihn glaubt. Der Glaube des anderen hat die Kraft unsere Angst aufzulösen. Weil der andere an uns glaubt, beginnen auch wir langsam an uns zu glauben. Wir wagen es, uns so einzubringen, wie wir sind. Es ist ein aktiver Glaube, den Jesus in seiner Zusage ausdrückt, Petrus werde Menschen fangen. Wenn uns jemand eine Aufgabe zutraut, dann hören wir auf, um uns selbst zu kreisen, uns zu bewerten und zu beurteilen. Wir packen einfach an. Und dabei vergessen wir uns selbst. Wir sind ganz bei der Aufgabe und wachsen mit ihr.

Doch dies ist kein einseitiges oder automatisches Geschehen. Der Glaube des anderen wird uns nicht helfen, wenn wir nicht auch selbst an uns glauben. Von Petrus kann ich lernen, darauf zu vertrauen, dass Jesus mich so beruft, wie ich bin: in meiner Durchschnittlichkeit, mit meinen Fähigkeiten und mit meinen Schwächen. Er nimmt mich so an, wie ich bin, und traut mir zu, dass ich in seinem Dienst für andere zum Segen werde. So kann es eine Hilfe sein, die Angst vor dem eigenen Ungenügen zu überwinden, sich immer wieder zu sagen: „Ich bin von Gott gesegnet. Und ich bin ein Segen für andere."

Paulus – In jeder Lage zuversichtlich

„Ich bin arm und gebeugt; der Herr aber sorgt für mich." (Ps 40,18) Das ist keine wohlfeile und wirklichkeitsfrem-fremde fromme Phrase. Das hat nichts mit unserer modernen „Versorgungsmentalität" zu tun. Und es nimmt nichts weg von der realen Situation. Aber der Psalmist ist überzeugt: Nicht ich muss für mich sorgen. Gott selbst sorgt für mich. Dieses Vertrauen bestimmt auch das Neue Testament. Aus diesem Vertrauen heraus fordert Paulus die Philipper auf: „Sorgt euch um nichts, sondern bringt in jeder Lage betend und flehend eure Bitten mit Dank vor Gott!" (Phil 4,6) Er schreibt das aus dem Gefängnis. Er weiß nicht, ob er je wieder frei kommen wird. Aber Paulus weiß von der Grundhaltung des Psalmisten. Der Mensch voller Sorgen soll seine Situation, um die er sich sorgt, im Gebet vor Gott bringen. Dann wird seine eigene Last, seine eigene Not geringer. Dann weiß er sich von Gott getragen, selbst wenn er im Kerker sitzt und um sein Leben fürchten muss. Dieser Brief des Paulus spricht uns über die Jahrhunderte hinweg unmittelbar an: Wir sollen über unsere Situation nicht einfach hinwegsehen. Doch wir sollen uns nicht darauf fixieren und nicht immer nur darum kreisen. Indem wir sie vertrauensvoll vor Gott bringen, hören wir auf, uns allzusehr um uns zu sorgen.

2

SELBSTVERTRAUEN LERNEN

Kindheitsgeschichten

In jeder Therapie fragen wir nach den Ursachen der Angst in der Kindheit. Das Kind erfährt von der Mutter Urvertrauen ins Leben und vom Vater Mut, ins Leben hinaus zu gehen und es selbst in die Hand zu nehmen. Oft ist diese Erfahrung aber nicht stark genug, um die Ängste, die ein Kind *auch* hat, zu überwinden. Kinder haben Angst vor der Nacht und vor den Träumen, in denen sie sich wilden Tieren hilflos gegenüber sehen. Die Seele des Kindes ist sehr empfänglich für beides – für Botschaften des Vertrauens und der Angst. Ein Kind sehnt sich danach, in den Armen der Mutter geborgen zu sein und in der Nähe des Vaters innere Festigkeit und Mut zu erfahren. Und es hat zugleich aber auch Angst, die Eltern zu verlieren. Diese Angst gehört zu jedem Kind. Sie gründet letztlich in der Trennungsangst, die das Kind schon bei der Geburt befällt. Die Angst kann krankhaft werden. Dann wird jedes Verlassen des Hauses durch die Mutter für das Kind zu einem Albtraum. Es kann es kaum aushalten. Solche Ängste können von Erfahrungen im Mutterleib herrühren oder von frühkindlichen Verlassenheitsängsten. Je früher die Ängste in der Kindheit als bedrohlich erfahren wurden, desto schwieriger sind sie aufzulösen. Wir können uns nur den Erfahrungen der Angst in der Kindheit stellen und versuchen, durch die Erinnerung und das Anschauen das Angstmachende zu entmachten. Dabei hilft es uns, wenn wir uns auch an die Erfahrungen des Vertrauens und des Geborgenseins erinnern, die es uns als Kind ermöglicht haben, mit und trotz unseren Ängsten zu überleben.

„Ich bin ich selber!“

Die transpersonale Psychologie spricht davon, dass unser wahres Selbst nicht das ist, was wir nach außen hin zeigen. Tief in uns ist das spirituelle Selbst. Es ist der innerste Personkern, den Gott geschaffen hat, das ursprüngliche und unverfälschte Bild das sich Gott von mir gemacht hat. Selbstvertrauen heißt nicht unbedingt, dass ich nach außen hin selbstsicher auftrete. Vielmehr geht es zunächst einmal darum, mit diesem innersten Kern in Berührung zu kommen und mir bewusst zu werden, dass ich einmalig und einzigartig bin, ganz gleich was die anderen von mir halten. Das gibt mir eine innere Freiheit.

Ich lasse manchmal das Wort, das Jesus nach seiner Auferstehung zu den Jüngern spricht: „Ich bin ich selber“ eine ganze Woche lang meditieren. Das griechische Wort „ego eimi autos“ verweist auf die Sichtweise der stoischen Philosophie. Für die Stoiker ist „autos“ der innerste Personkern, das innere Heiligtum, zu dem die Menschen keinen Zutritt haben, den niemand verletzen kann. Das wahre Selbstvertrauen finden wir, wenn wir mit diesem innersten Zentrum in Berührung kommen. Dann sind wir ganz wir selbst. Wenn ich bei allem, was ich tue, beim Aufstehen, beim Frühstücken, bei den Gesprächen, bei der Arbeit, in Sitzungen usw. immer wieder dieses Wort sage „Ich bin ich selber“, dann merke ich zunächst einmal, wie oft ich eine Rolle spiele. Ich bin nicht ich selber. Ich passe mich an. Ich spüre sofort, was der andere von mir erwartet. Und ich spiele die Rolle, die diesen

Erwartungen entspricht. Immer wieder zu sagen „Ich bin ich selber“ befreit mich mehr und mehr von meinen Rollen und Masken. Und auf einmal entsteht eine große innere Freiheit. Ich muss mich nicht beweisen. Ich bin einfach ich selber. Ich kann dieses „selber“ nicht genau definieren. Aber ich spüre, dass da etwas in mir ist, was mir von anderen nicht streitig gemacht werden kann, was niemand zu zerstören vermag.

Ein Weg, ein gutes Selbstvertrauen zu gewinnen ohne sich ständig beweisen zu müssen, ist die Meditation dieses Jesuswortes „Ich bin ich selber“. Für das Lukasevangelium besteht das Geheimnis der Auferstehung darin, dass Jesus ganz er selber geworden ist. Wir haben jetzt schon teil an der Auferstehung Jesu. So dürfen wir mit dem Auferstandenen immer wieder sagen: „Ich bin ich selber“. Das lässt uns wirklich aufstehen aus dem Grab unserer Angst, nicht gut genug zu sein. Es richtet uns auf und schenkt uns eine tiefe innere Freiheit. Ich muss mich nicht beweisen, nicht unter Druck setzen. Ich bin einfach. Das ist keine Resignation. Vielmehr ist in dieser Gewissheit „Ich bin ich selber“ eine Ahnung von dem Geheimnis, das mich ausmacht, und von meiner Einmaligkeit und Einzigartigkeit, die ich von Gott her habe. Wenn ich mir dieses Wort vorsage, höre ich auch auf, mich mit anderen zu vergleichen. Ich muss nicht besser sein als die anderen, nicht besser formulieren können, nicht selbstsicherer sein. Es genügt, einfach „ich selber zu sein“.

Steh zu deinen Schwächen

C. G. Jung spricht davon, dass zum Selbstvertrauen gehört, sich mit den eigenen Schattenseiten auszusöhnen. Das verlangt Demut und Humor. Wer nur seine Stärke dokumentiert, der lebt immer in der Angst, dass ihm seine Maske vom Gesicht gerissen werden könnte. Wer jedoch gelassen auch zu seinen Fehlern steht und sich mit seinen Schattenseiten anfreundet, der kann gelassen mit den Menschen umgehen. Er hat keine Angst, dass die anderen seine Schwächen entdecken könnten. Er steht ja zu ihnen. Er posaunt sie nicht hinaus. Wer jedem sofort seine Schwächen erzählt, der muss etwas anderes verbergen. Er offenbart seine harmlosen Schwächen, um seine wirklichen verstecken zu können. Wer ausgesöhnt ist, der geht gelassen zu den Menschen. Er mutet sich selbst den anderen zu, so wie er ist. Er macht sich nicht kleiner als er ist. Aber er hat auch keine Angst, dass die anderen etwas entdecken könnten, was er unter allen Umständen verbergen möchte. Weil er zu sich und seinen Schattenseiten steht, kann er sich auf die Menschen einlassen, ohne ständig um sich und seine vermeintliche Stärke zu kreisen. Er ist einfach präsent. Er ist offen für die Menschen. Er muss sich nicht besser darstellen als er ist. Er gibt sich so, wie er ist. Das schafft Beziehung. Und das macht ihn sympathisch.

Das Ego kreist um sich selbst. Das Selbst ist die innere Mitte des Menschen. Zum Selbst gehören die Stärken und die Schwächen, das Menschliche und das Göttliche. Wenn der Mensch den Weg vom Ego zum Selbst geht, wird er immer gelassener, authentischer und freier.

Entdecke deine Stärken

Viele Menschen fühlen sich unsicher. Sie trauen sich nicht, in einer Gruppe zu sprechen. Sie haben Angst, sie könnten sich dabei blamieren. Oder die anderen würden viel klarer sagen, was sie ausdrücken möchten. Sie haben Hemmungen, sich vor anderen zu zeigen. Sie fühlen sich unter Menschen unwohl. Sie denken ständig darüber nach, was die anderen wohl über sie denken. Sie sind nicht einfach bei sich, sondern fühlen sich überall beobachtet und beurteilt. Wenn ich mit ihnen darüber spreche, so entdecken wir den Grund für dieses mangelnde Selbstvertrauen in den Botschaften, die diese Menschen als Kind gehört haben: „Du bist zu langsam. Du bist nicht richtig. Du bist dumm. Die anderen sind viel gescheiter. Wie schaust du heute wieder aus. So kannst du doch nicht unter die Leute gehen." Solche Botschaften verunsichern. Und viele verinnerlichen solche Worte dann. Sie beurteilen sich selbst negativ. Sie beobachten sich selbst, sie kreisen in Gedanken ständig um sich und ihre Fehler und glauben deshalb, dass alle anderen sie beobachten und sich über sie Gedanken machen.

Den Mangel an Selbstvertrauen kann man nicht durch ein Gespräch aufheben. Aber trotzdem sind wir ihm nicht einfach ausgeliefert. Der erste Weg, mehr Selbstvertrauen zu erlangen, besteht darin, sich selbst zu spüren und aufzuhören, sich mit anderen zu vergleichen. Ich muss mir verbieten, darüber nachzudenken, was andere von mir denken könnten. Wenn aber trotzdem solche Gedanken in mir auftauchen –

ich kann sie ja kaum hindern, dass sie kommen –, dann ärgere ich mich nicht darüber, sondern nehme sie als Einladung, mir zu sagen: „Das ist ihr Problem, was sie von mir denken. Wenn sie Lust haben, dürfen sie ruhig über mich nachdenken. Aber das sind ihre Gedanken. Die gehen mich nichts an." Das ist nicht immer so einfach. Denn die Gedanken kommen einfach immer wieder. Wenn ich diese Gedanken nur mit eigenen Gedanken abwehre, bleibt es ein ständiger Kampf. Hilfreicher ist es, sich in seinem Leib zu spüren. Wenn solche Gedanken kommen, versuche ich mich zu spüren, bei mir zu sein. Eine Hilfe kann sein, sich selbst zu berühren, entweder die beiden Hände ineinander zu legen, oder die Hand aufs Herz zu legen. Dann genieße ich es, bei mir zu sein. Ich spüre mich. Und ich erlaube mir, dass ich sein darf, wie ich bin. Ich muss gar nicht sicher sein. Ich muss jetzt gar nichts Intelligentes von mir geben. Ich spüre mich. Wenn ich Lust habe, dann sage ich etwas. Wenn mir nichts kommt, dann sitze ich einfach da und bin bei mir. Das genügt.

Ich kann meine vermeintliche Schwäche in einem anderen Licht sehen. Wenn ich sie mir erlaube, dann wird sie mich nicht mehr im Griff haben.

Das klingt so einfach. Aber es verlangt zuerst ein schmerzliches Abschiednehmen von einem unrealistischen Selbstbild. Dann wächst das Selbstvertrauen. Ich erlaube mir, zu sein, wie ich bin. Das ist die Voraussetzung, dass ich wachsen und sicherer werden kann. Wenn ich betrauere, dass ich nicht so bin, wie ich in der Vorstellung gerne sein möchte, dann komme ich an meine wirklichen Möglichkeiten und Fähigkeiten. Dann entdecke ich meine ureigensten Stärken.

Steh zu dir selber

Wer wenig Selbstvertrauen hat, kann nicht gut zu sich selber stehen. So ist ein Weg, Selbstvertrauen zu gewinnen, neues Stehvermögen zu erlangen. Das geht über Stehübungen. Ich kann mir vorstellen, dass ich wie ein Baum dastehe und meine Wurzeln tief in die Erde eingrabe, damit ich tief verwurzelt fest stehen kann. Die Vorstellung vom Baum gibt mir Mut, zu mir zu stehen. Und ich kann es körperlich einüben. Der zweite Punkt, der beim Stehen wichtig ist, ist die eigene Mitte. Die Japaner sprechen von Hara und meinen damit den Unterbauch. Da ist unser Zentrum. Wenn wir gut in der Mitte sind, kann uns nichts so leicht umwerfen. Und der dritte Punkt, auf den es ankommt, ist der Scheitel. Ich kann mir vorstellen, dass ich mit dem Scheitel die Raumdecke berühre. Oder ich kann mir das Bild des Baumes nochmals vor Augen halten. Ich entfalte meine Krone nach oben, so wie ein Baum seine Krone in den Himmel wachsen lässt. Wenn ich so eine Zeit lang stehe, bekomme ich mehr Selbstvertrauen. Wenn ich besser zu mir stehen und für mich einstehen kann, dann wird mich eine Kritik nicht mehr so erschüttern. Ich muss nicht wie ein Betonpfeiler unbeweglich stehen. Ich stehe wie ein Baum, der sich im Wind wiegt. Ich bin tief verwurzelt. Die Stürme des Lebens werden mich nicht so leicht entwurzeln. So kann ich auch mit Kritik leben. Der Baum steht nicht perfekt. Er bewegt sich, wenn der Wind um ihn weht. Er gibt etwas nach. Aber er lässt sich nicht so leicht entwurzeln. Je mehr ich im bewussten Stehen lerne, zu mir zu stehen und für mich einzustehen und etwas durchzustehen, desto stärker wird das Selbstvertrauen wachsen. Ich erfahre mehr Vertrauen. Ich muss es nicht machen. Es wächst von alleine.

Trau dem Geist in dir

Jesus weist uns einen Weg, die Angst zu überwinden und Vertrauen ins Leben zu gewinnen. Es ist einmal der Aufruf an uns, uns keine Sorgen zu machen und uns den Kopf nicht darüber zu zerbrechen, wie und was wir reden sollen. „Denn es wird euch in jener Stunde eingegeben, was ihr sagen sollt. Nicht ihr werdet dann reden, sondern der Geist eures Vaters wird durch euch reden." (Mt 10,19f) Wir sollen nicht auf die Zuhörer und ihr eventuelles Urteil fixiert sein, sondern aus dem Inneren heraus sprechen. Von den Menschen sollen wir uns ab- und unserem Herzen zuwenden. Dort, in unserem Herzen, spüren wir, was wir sagen sollen. Unser Kopf dagegen versetzt uns in Unruhe und so machen wir uns ständig Gedanken, was die anderen über uns denken könnten. Wenn wir mit unserem Innern in Berührung sind, vertrauen wir darauf, dass wir die richtigen Worte in uns fühlen. Jesus verspricht uns, dass in diesen Augenblicken der Geist Gottes selbst durch uns und in uns sprechen wird. Wir müssen uns nicht auf das Gespräch vorbereiten und alle Eventualitäten durchdenken. Vielmehr sollen wir einfach dem trauen, was in dem Augenblick in uns aufsteigt. Das befreit uns von der Angst. Wenn wir dem Geist trauen, der in uns spricht, dann hat der andere keine Macht über uns. Wir sind mit unserem Inneren in Berührung. Wir sprechen aus unserem Herzen und sind nicht fixiert auf den Mächtigen, vor dem wir uns beweisen wollen. Manchmal muss ich mir in solchen Fällen wieder und wieder vorsagen: Der andere hat immer nur soviel Macht über mich, wie ich ihm gebe.

Und ich muss mir voller Kraft vornehmen: Ich gebe ihm jetzt keine Macht über mich. Ich traue dem Geist, der in mir spricht. Dann geht mich das Urteil des anderen nichts mehr an.

Die Fixierung auf das Urteil von außen verstärkt nur unsere Unsicherheit und unsere Angst. Daher ist der Rat Jesu heilsam, sich von der Fixierung auf den anderen, auf seine Erwartungen und Urteile, zu lösen und sich dem eigenen Innern zuzuwenden und dem zu trauen, was der Geist Gottes uns an inneren Impulsen schenkt.

Es gibt zwei Wege, von dieser Angst vor dem Urteil anderer frei zu werden. Der erste Weg ist: den anderen erlauben, dass sie denken dürfen, was sie wollen. Ich brauche mir den Kopf nicht darüber zu zerbrechen, was für Gedanken sie sich machen. Ich bin nicht von ihrem Urteil abhängig. Ich stehe nicht vor ihrem Gericht und bebe nicht vor ihrem Richterspruch. Ich definiere mich nicht über ihre Bestätigung oder Zuwendung, über ihr Urteil oder ihre Verurteilung. Ich definiere mich über Gott. Ich bin in Gottes Hand. Der zweite Weg: Ich bin mit mir selbst in Berührung. Ich horche auf mein Inneres. Ich horche auf das, was in mir aufsteigt. Ich traue den Impulsen meines Herzens. Denn ich glaube, dass in diesen leisen Impulsen der Geist Gottes selbst zu mir spricht. Das befreit mich von dem Geist der Menschen um mich herum, der mir vielleicht feindlich gesinnt ist. Ich lasse mich nicht von der Gesinnung der anderen bestimmen, sondern allein von Gott.

Sei wie du bist

Der Evangelist Matthäus erzählt uns, wie man einen Gelähmten auf einer Tragbahre zu Jesus bringt. „Als Jesus ihren Glauben sah, sagte er zu dem Gelähmten: Hab Vertrauen, mein Sohn, deine Sünden sind dir vergeben!" (Mt 9,2). Jesus erkennt das Vertrauen, das die Träger offensichtlich haben. Sie vertrauen darauf, dass der Kranke geheilt wird. Und er spricht dem Kranken Vertrauen zu. Doch Jesus tut zunächst nicht, was die Träger und der Kranke erwarten. Er heilt ihn nicht, sondern er spricht ihm die Vergebung der Sünden zu. Offensichtlich sieht Jesus, dass seine Lähmung nicht rein körperlich ist, sondern von einer inneren Haltung herwirkt. Diese Haltung ist die Sünde. Sünde, wie ich sie hier gedeutet sehe, ist nicht in erster Linie eine Übertretung von Geboten, sondern die Verweigerung des Lebens. Und oft ist es die Angst, die uns dazu führt, uns zu verweigern, nicht das zu tun, was von uns gefordert ist, sondern lieber liegen zu bleiben und zu warten, bis die anderen für uns das Nötige tun. Jesus spricht also zuerst die innere Haltung an. Aber er macht sie dem Gelähmten nicht zum Vorwurf, sondern er sagt ihm die Vergebung Gottes zu. Er ist angenommen, so wie er ist, auch mit seiner Lebensverneinung und Lebensverweigerung. Er darf vertrauen, dass Gott ihn bedingungslos annimmt. Diese innere Erfahrung einer bedingungslosen Daseinsberechtigung, einer Liebe, die dem Menschen gilt, so wie er ist, ist die Voraussetzung, dass unsere Lähmung sich löst.

Heilung der Angst muss die tief in der menschlichen Seele sitzende Angst vor dem Urteil anderer beruhigen. Und das vermag sie nur, wenn wir uns der bedingungslosen Liebe Gottes bewusst sind. Die Vergebung, die Jesus dem Gelähmten zuspricht, ist letztlich die Zusage: Du darfst so sein, wie du bist. Es ist gut, dass du da bist. Erst wenn wir eine solche Zusage annehmen, beruhigt das unsere Angst.

Die Schriftgelehrten, die Jesus bei seiner Zusage der Sündenvergebung beobachteten, dachten, er lästere Gott: Nur Gott kann doch die Sünden vergeben. Sie sagen ihre Gedanken nicht laut. Aber Jesus erkennt sie. Und so reagiert er auf diese Gedanken, die ja wohl auch unsere Gedanken sind. Jesus ist nicht nur der Arzt, der körperlich Kranke heilt. Er kennt die Seele des Menschen. Und daher wendet er sich zuerst an die Seele, an die innere Haltung, die oft zur körperlichen Krankheit führt. Es ist die Haltung der Sünde, der Lebensverweigerung. Letztlich ist es die Angst, die den Menschen lähmt. Und erst als er die Angst mit seinem Zuspruch des Vertrauens und der Vergebung überwunden hat, heilt Jesus den Kranken auch körperlich. Er tut es mit einem Wort: „Steh auf, nimm deine Tragbahre, und geh nach Hause!" (Mt 9,6). Der Kranke, der noch gelähmt auf dem Bett liegt, soll mitten aus seiner Lähmung, aus seiner Schwäche, aus seiner Hemmung heraus aufstehen. Er soll es einfach versuchen. Er muss nicht zuerst abwarten, bis er die Angst überwunden hat, sondern er muss mit seiner Angst aufstehen.

Und auch das Zweite ist mir an dieser Geschichte des Gelähmten wichtig: Er soll sein Bett unter den Arm nehmen und es mit sich herum tragen. Das Bett ist Zeichen seiner Lähmung, seiner Krankheit, seiner Unsicherheit und Hemmung. Vertrauen zu haben heißt nicht, dass wir ohne Hemmungen sind. Wir sollen vielmehr unsere Hemmungen und

Unsicherheiten unter den Arm nehmen und sie mit uns tragen. Aber sie fesseln uns nicht mehr ans Bett.

Damit mich die Angst nicht lähmt, muss ich sie zulassen und mich mit ihr vertraut machen. Die lähmende Angst verweist mich auf falsche Grundannahmen meines Lebens, etwa auf die Grundannahme, dass ich keinen Fehler machen darf, weil ich sonst von anderen verachtet würde. Indem ich mir diese falsche Grundannahme formuliere, kann ich sie zugleich entmachten. Ich wandle sie um in eine Erlaubnis: Ich darf Fehler machen. Auch mit meinen Fehlern bin ich wertvoll. Das ist der eine Weg. Der andere Weg besteht darin, mir zuzugestehen, wie wichtig mir das Urteil der anderen ist. Ich möchte, dass die anderen gut von mir denken. Wenn ich mir das eingestehe, kann ich meine Sehnsucht, vor anderen gut dazustehen, zugleich relativieren: Ja, es liegt mir daran, gut beurteilt zu werden. Aber davon kann allein kann ich nicht leben. Mein eigentlicher Wert liegt tiefer. Und er ist unabhängig von den Vorstellungen und Gedanken, die sich andere über mich machen. Eine solche Haltung eröffnet neue Wege in eine neue und größere Freiheit.

3

ANDEREN VERTRAUEN SCHENKEN

Wie Vertrauen wächst

Als junger Priester habe ich oft Besinnungstage für Schulklassen gehalten. Die Schüler und Schülerinnen waren zwischen 15 und 18 Jahre alt. Meistens habe ich das Thema „Vertrauen" genommen mit den drei Bereichen: Selbstvertrauen, Vertrauen zum anderen und Vertrauen auf Gott. Vor allem die beiden ersten Themen haben die Jugendlichen immer brennend interessiert. Die einen litten darunter, dass sie so wenig Selbstvertrauen hatten. Sie trauten sich nicht, in der Gruppe ihre eigene Meinung zu sagen, aus Angst, sie könnten lächerlich gemacht werden oder sie könnten sich blamieren, weil das, was sie sagten, nicht gut genug sei. Andere litten unter dem mangelnden Vertrauen in der Schulklasse. Ihnen war es wichtig, in der Klasse eine Gemeinschaft zu erfahren, in der man sich wohl fühlt und in der man einander vertrauen kann. Aber häufig erlebten sie, dass es einige Gruppierungen in der Klasse gab. In der einen Gruppe sprach man über die anderen schlecht. Ein beliebtes Gesprächsthema war, sich über andere zu amüsieren und über sie alles Mögliche zu verbreiten. Das schuf dann ein Klima des Misstrauens. Man traute sich gar nicht mehr offen zu sein, aus Angst, die andere Gruppe könnte die eigenen Worte und Erfahrungen breit treten. Die Jugendlichen wünschten eine Atmosphäre des Vertrauens. Aber sie taten sich zugleich schwer, sie zu schaffen. Sie erhofften von den Besinnungstagen, dass das Vertrauen in der Klasse wächst. Aber man kann Vertrauen nicht von den anderen einfordern. Es muss wachsen. Manchmal gelang es, dass die Tage die Schüler näher zusammen führten. Aber das direkte Gespräch über das mangelnde Vertrauen in der Klasse half meistens nicht weiter. Denn dann fühlten sich andere angegriffen. Sie verteidigten sich und schoben die Schuld für das mangelnde Vertrauen auf die anderen.

Mein Weg, Vertrauen zu vermitteln ging über die gemeinsame Erfahrung. Ich ließ die Schüler und Schülerinnen einfach Übungen machen. Eine beliebte Übung war: Wir saßen alle im Kreis. Ich nahm meinen Kugelschreiber und drehte ihn, bis er auf jemand zeigte. Der musste sich dann für 2 Minuten in den Kreis setzen. Jeder, der wollte, konnte dann sagen: „Ich finde gut an dir ...". Allein die Blickrichtung auf das Gute im anderen erzeugte allmählich ein gutes Klima. Selbst Leute aus der eher abgelehnten Gruppe sagten ehrlich positive Sätze. Und wir machten andere Übungen. Wir meditierten schweigend miteinander. Oder wir machten die Vertrauensübung, in der einer sich in die Mitte der Gruppe stellte und sich einfach nach rechts und links fallen ließ. Die Gruppe musste ihn auffangen. Auch hier wagte es keiner, den anderen nicht gut zu behandeln. Die Übung weckte in jedem den guten Kern. Er wollte in der Gruppe gut dastehen. Aber er wollte auch dem, der sich fallen ließ, nicht schaden. Durch die gemeinsame Erfahrung wächst Vertrauen. Und es wächst, indem ich der Gruppe und den anderen etwas zutraue. Durch moralisches Einklagen von Vertrauen schaffe ich nur Widerstand.

Diese Erfahrung in den Schulklassen können wir auch auf andere Gruppierungen übertragen. In Firmen spricht man davon, dass man vertrauensbildende Maßnahmen ergreifen müsse. Manche meinen, sie könnten Vertrauen einfach schaffen. Aber Vertrauen wächst nur, wenn ich selbst Vertrauen hineingebe, wenn ich den Mitarbeitern vertraue und ihnen etwas zutraue. Mein Vertrauen ist die Voraussetzung, dass Vertrauen um mich herum entstehen kann. Wenn eine vertrauensbildende Maßnahme als zu gewollt erfahren wird, ruft sie nur Verstimmung hervor: Man spürt die Absicht und ist verstimmt. Ich kann mir überlegen, wie das Vertrauen in einer Firma wachsen kann. Sicherlich nicht durch noch mehr Kontrolle. Ich brauche kreative Wege, um Vertrauen zu schaffen. Ich traue verschiedenen Menschen eine gemeinsame Aufgabe zu und begleite sie dabei. Die Gruppe wird schnell merken, ob ich ihnen wirklich vertraue und etwas zutraue, oder ob das nur ein Trick ist. Vertrauen lässt sich nicht durch Tricks schaffen, sondern nur indem ich Vertrauen in die anderen investiere. Dann darf ich vertrauen, dass auch in ihnen und unter ihnen das Vertrauen wächst.

Das Leben lernen

Jeder Mensch sehnt sich nach Zuwendung. Es ist der ursprüngliche und elementare Wunsch des Kindes, dass sich der liebende Blick seiner Mutter ihm zuwendet und ihm zulächelt. Diese Urerfahrung, die dem Kind Daseinsberechtigung schenkt, vermittelt ihm: Du bist willkommen auf dieser Erde. Das wollen wir immer wieder erfahren. Die Mutter ist die erste, die dem Kind Urvertrauen vermittelt. Sie gibt dem Kind das Gefühl, dass es willkommen ist auf dieser Erde. Das Kind fühlt sich getragen und geborgen. Es erfährt sich als bedingungslos angenommen. Das gibt ihm Vertrauen in das Leben. Es weiß sich auch sonst getragen. Es ist nicht allein. Die Erfahrung der bergenden Mutter projiziert das Kind irgendwann auf Gott. Auch wenn die Mutter nicht da ist, weiß sich das Kind geborgen, von einer größeren Wirklichkeit, letztlich von Gott. Kinder, die ein starkes Urvertrauen mitbekommen haben, haben es im Leben leichter. Doch es gibt kein Kind, das nur Vertrauen lernt. In ihm ist auch ein Grundmisstrauen. Es braucht ein gutes Miteinander zwischen Vertrauen und Misstrauen, um im Leben zu reifen und zu wachsen.

Der Vater vermittelt dem Kind ebenfalls Vertrauen. Aber dieses Vertrauen hat eine andere Qualität. Es ist weniger das Vertrauen als Erfahrung von Geborgenheit, als vielmehr ein Vertrauen als Wagnis, in die Welt hinaus zu gehen, etwas zu riskieren, etwas in die Hand zu nehmen, weg zu gehen von den Eltern und das eigene Leben zu leben. Der Vater stärkt dem Kind den Rücken, damit es mit gesundem Rückgrat die

Kraft findet, das Leben zu bewältigen und sich seinen Stand im Leben zu erkämpfen.

Beide Arten von Vertrauen braucht das Kind, um das Leben zu erlernen. Und auch der Erwachsene wird immer wieder diese beiden Formen des Vertrauens erleben. Er sehnt sich manchmal danach, sich fallen zu lassen, getragen zu sein. Das ist dann das mütterliche Vertrauen. Er erfährt es in der Natur, wenn er sich auf die Wiese legt und sich einfach tragen lässt. Und er erfährt es in Gott, der etwa in einer romanischen Kirche ihn wie in einem Mutterschoß liebend umgibt. Und jeder Mensch braucht auch immer wieder die Erfahrung der väterlichen Qualität des Vertrauens, dass er sein Leben wieder von neuem riskiert, dass er Verantwortung für sich und andere übernimmt. Aber manchmal sehnt sich auch der Erwachsene nach dem Vater, bei dem er sich anlehnen kann, der für ihn wie ein Fels in der Brandung ist, der ihm Sicherheit schenkt. Gott als Vater kann die mangelnde Vatererfahrung kompensieren. Gott als Vater ist kein Ersatz für die Erfahrung des menschlichen Vaters. Aber auch der, der seinen leiblichen Vater gar nicht oder nur unzureichend erfahren hat, hat eine Ahnung in sich, was ein wirklicher Vater ist. Und so kann er Gott als seinen Vater erfahren, der ihm den Rücken stärkt und ihm Mut macht, ins Leben hinaus zu gehen.

Eine Kraft, die aufweckt

Im Markusevangelium wird die Geschichte eines Vaters erzählt, der Angst hat, dass seine Tochter nicht mehr gesund wird. Diesem Mann sagt Jesus: „Hab keine Angst, glaube nur!“ (Mk 5,36) Es ist ein prägnantes Wort, kurz, aber umso gewichtiger. Der Vater spürt seine Ohnmacht. Er kann seiner Tochter nicht mehr helfen. All seine Kraft reicht nicht aus, um seiner Tochter Lebenskraft zu schenken. Jesus sieht die Verzweiflung des Vaters. Und er fordert ihn auf, seine Angst zu lassen und einfach zu vertrauen. Die Frage ist, wie das gehen soll. Ich kann doch die Angst nicht einfach beiseite schieben. Sie wird immer wieder in mir hochkommen. Und ein Wort allein kann sie nicht überwinden. Trotzdem fordert Jesus den Vater auf, sich nicht zu fürchten, keine Angst zu haben. Er soll glauben. Glauben ist hier offensichtlich die Bedingung des Vertrauens. Der Vater soll glauben, dass Jesus seine Tochter heilen wird. Indem er an das Wirken Jesu glaubt, soll er selbst wieder Vertrauen in seine Tochter lernen. Seine Tochter ist nicht nur von dem abhängig, was er ihr geschenkt hat. Sie ist auch Tochter Gottes. Sie gehört auch Gott. Und Gott wirkt durch Jesus an ihr. Er stärkt ihr den Rücken. Er gibt ihr wieder Mut zu leben.

Der Vater lernt, seiner Tochter zu vertrauen, indem er an Gott glaubt, indem er an das Wirken Jesu glaubt. Der Glaube an Gott, der keinen Menschen fallen lässt, ist die Bedingung, dass wir auch an den Menschen glauben können, dass wir Vertrauen in ihn setzen, in die Kraft, die in ihm liegt. Der

Vater hört, dass seine Tochter gestorben ist, dass alle Lebenskraft aus ihr gewichen ist. So gibt er alle Hoffnung auf. Doch Jesus glaubt an die Kraft, die in der Tochter liegt. Er weckt sie auf. Er stärkt ihr den Rücken. Er nimmt sie an der Hand und richtet sie auf. Aber er lässt sie ihren eigenen Weg gehen. Er gängelt sie nicht. Und er befiehlt, man solle ihr zu essen geben. Sie solle sich stärken, damit sie mit ihrer Kraft in Berührung kommt. Das Vertrauen Jesu weckt in der Tochter die Lebenskraft, die ihr entschwunden zu sein schien. Jesus glaubt, dass sie nicht tot ist, dass die Kraft des Lebens noch in ihr schlummert. Er weckt diese Kraft auf. So hat Vertrauen immer auch etwas Aufweckendes. Es ist nie nur passiv. Es bringt den Menschen in Bewegung.

Das Vertrauen, das wir einem Menschen entgegen bringen, weckt das Vertrauen in ihm selbst auf. Weil wir ihm vertrauen, vermag er nun auch sich selbst zu vertrauen. Weil wir an ihn glauben, kann er an sich selbst glauben, an seine Fähigkeiten, an seine Kräfte. So hat unser Vertrauen immer auch eine heilende Wirkung auf den anderen. Es befähigt ihn, sich selbst und den heilenden Kräften in sich zu vertrauen und so stärker zu werden.

An die Hand genommen

Es gibt im Neuen Testament eine Vatergeschichte, in der Jesus den Vater lehrt, an seinen Sohn zu glauben. Sie steht im Evangelium des Markus. Offensichtlich hatte der Vater, von dem hier die Rede ist, zu wenig an den Sohn geglaubt. Er hat mit Misstrauen seine aggressiven Seiten angeschaut und die Regungen seiner Sexualität wahrgenommen. Der Sohn hat dieses Misstrauen gespürt und seine Aggression und Sexualität verdrängt. Doch diese beiden wichtigen Lebensenergien lassen sich nicht verdrängen. So haben sie sich bei dem jungen Mann destruktiv ausgewirkt. Die unterdrückte Aggression hat ihn zu Boden geworfen, so dass er mit den Zähnen knirschte und Schaum vor den Lippen hatte. Die Sexualität hat ihn ins Feuer geworfen und ihn gleichsam verbrannt. Der Vater möchte gerne, dass Jesus den Sohn heilt. Aber er selber möchte selber lieber so bleiben wie bisher. Er fordert Jesus auf: „Wenn du kannst, hilf uns; hab Mitleid mit uns!“ (Mk 9,22). Doch Jesus lässt sich vom Vater nicht benutzen. Er konfrontiert den Vater mit seinem eigenen Unglauben. Er hält ihm einen Spiegel vor, indem er sagt: „Wenn du kannst? Alles kann, wer glaubt.“ (Mk 9,23) In diesem Augenblick erkennt der Vater, dass er nicht an den Sohn geglaubt hat, dass er kein Vertrauen in ihn gesetzt hat. Er möchte sich ändern. So ruft er aus: „Ich glaube; hilf meinem Unglauben!“ (Mk 9,24) Der Vater muss an den Sohn glauben. Er muss ihm vertrauen, dass er den Weg findet, mit seiner Aggression und Sexualität gut umzugehen. Das Misstrauen des Vaters verunsichert auch den Sohn in seiner

Beziehung zu den beiden wichtigsten Lebensenergien von Aggression und Sexualität.

Doch Jesus gibt dem Vater nicht die Schuld an dem Verhalten des Sohnes. Er spürt, dass auch der Sohn sich in seinem Misstrauen sich selbst gegenüber eingerichtet hat. Er muss selbst einen Weg des Vertrauens gehen. So befiehlt Jesus dem Dämon mit Macht, er solle ausfahren. Der Sohn muss sich von seinen destruktiven Verhaltensweisen trennen. Er muss mit sich selbst in Berührung kommen. Das ist ein schmerzlicher Weg. Der Sohn schreit den Schmerz und die Wut über die Fremdbestimmung aus sich heraus. Er kommt mit sich und seiner Kraft in Berührung. So kann Heilung geschehen. Jesus nimmt ihn an der Hand und richtet ihn auf. Jesus fordert den Vater auf, an den Sohn zu glauben. Aber er verlangt auch vom Sohn, dass er sich nicht als Opfer sieht, sondern der eigenen Kraft traut, die Gott ihm geschenkt hat. Er ist fähig, sein eigenes Leben zu leben. Er muss sich verabschieden von seiner eigenen Haltung, mit der er dem Vater keine Chance der Verwandlung gelassen hat. Er hat sich am Vater gerächt. Vertrauen heißt, die destruktiven Spiele zu lassen und sich dem Leben zu zuwenden.

Führung und Vertrauen – Was Kinder brauchen

Das deutsche Wort „erziehen“ kommt von „ziehen“. Wenn ich ein Kind erziehe, ziehe ich das aus ihm heraus, was in ihm steckt. Das meint auch das lateinische Wort für „erziehen“, „educare“. Es kommt von „ducere – führen“. Ich führe das Kind heraus aus dem unbewussten in das bewusste Leben. Ich führe es heraus aus der Unreife hinein ins Reifen und Wachsen. Ich locke aus dem Kind heraus, was in ihm steckt. Als ich mit zehn Jahren ins Internat kam, wurden wir „Zöglinge“ genannt. Wir waren also die, die man erziehen wollte. Und ein wichtiges Erziehungsmittel war die Zucht. Auch „Zucht“ kommt von „ziehen“ Eigentlich bedeutet es, dass der Erzieher aus dem Kind herauszieht, was in ihm ist. Aber oft genug wurde Zucht anders verstanden. Sie wurde zu einem Weg in ein enges Korsett, das uns als Idealbild vorgegeben wurde. Wir wurden in etwas hineingezogen, das wir eigentlich gar nicht wollten.

Der libanesische Dichter Khalil Gibran versteht unter Erziehung etwas anderes. Es kommt dem nahe, was die Sprache zum Ausdruck bringt: herausziehen, hervorlocken, was immer schon da ist – und diesem Potential vertrauen. „Deine Kinder sind nicht dein Besitz, sie sind Söhne und Töchter der Sehnsucht des Lebens nach sich selbst. Ihre Seele wohnt im Haus des Morgen, wo du sie nicht besuchen kannst.“ Die Kinder gehören nicht den Eltern und Erziehern. Sie gehören letztlich Gott. Und – wie Gibran es formuliert – sie gehören der Sehnsucht des Lebens nach sich selbst. Sie haben in sich eine Sehnsucht, der zu sein, der sie von Gott her sein wollen.

Das verlangt, dass die Eltern sich in das Geheimnis jedes Kindes hineinmeditieren. Welche Sehnsucht steckt in diesem Kind? Was ist sein Geheimnis? Was denkt es? Wie fühlt es? Was ist seine Stärke, was seine Begabung? Ich kann über das Kind nicht verfügen. Ja, es wohnt in einem Haus, in dem ich es nicht besuchen kann. Ich kann nur erahnen, was das Morgen ist, das in diesem Kind aufleuchtet. Aber ich weiß nicht, was für es stimmt. Ich kann mich im Haus seiner Seele nicht umsehen wie in seinem Zimmer, das ich aufräume, wenn es durcheinander geraten ist. Das Haus seiner Seele vermag ich nicht einzurichten nach meinem Geschmack. Es ist unzugänglich für mich. Ich kann nur darauf vertrauen, dass das Kind in diesem Haus des Morgens daheim sein kann, dass es sein eigenes Morgen erkennt und zulässt.

Loslassen und Vertrauen gehören also zur Kunst der Erziehung. Sie sind Voraussetzung, dass Kinder selber Vertrauen ins Leben lernen. Es gibt ein Dilemma bei der Kindererziehung: Auf der einen Seite möchten wir pflegeleichte Kinder, auf der anderen Seite Kinder, die sich auszeichnen durch ihre eigene Meinung, durch Eigenschaften, die sie von anderen abheben. Doch angepasste Kinder können kaum hervorstechen, sie bleiben Mittelmaß. Von beiden Erwartungen müssen wir lassen, damit die Kinder das werden können, was sie aus sich heraus sind. Gute Eltern wissen, dass sie ihre Kinder loslassen müssen. Die Kinder, die ihren eigenen Weg gehen können, werden auch immer wieder zurückkommen zu den Eltern und dankbar sein für das Vertrauen, das sie erfahren haben.

Sich selbst Vater sein, sich selber Mutter sein

Das Kind lernt Vertrauen vor allem in der Beziehung zu seinen Eltern. Der Erwachsene hat die Aufgabe, mit dem, was er an Vertrauen gelernt hat, umzugehen. Er kann sich nicht immer nur abhängig machen, von mütterlichen oder väterlichen Menschen, die ihm das Gefühl von Heimat geben oder die ihm den Rücken stärken. Er muss sich selbst Vater und Mutter sein. Er muss mit sich mütterlich umgehen, das kleine Kind, das in ihm steckt und das oft genug bedürftig nach Liebe ist, in den Arm nehmen und es wiegen, damit er bei sich selbst daheim sein kann. Eine Frau, die jahrelang in der Therapie ihre schwierige Mutterbeziehung angeschaut hatte, meinte, jetzt sei sie fähig, mit ihrer Mutter in Urlaub zu fahren. Doch die gemeinsame Woche mit der Mutter wurde zur großen Enttäuschung. Sie hatte erwartet, dass die Mutter ihr doch einmal sagen würde: „Du bist meine Lieblingstochter. Ich mag dich. Ich bin dankbar, dass du da bist. Ich bin stolz auf dich." Ich sagte ihr, dieses Wort würde sie nie von der Mutter hören. Das müsse sie sich selber sagen. Sie muss für sich selbst Mutter sein.

Wenn wir älter werden, sehnen wir uns immer noch nach Vätern, an die wir uns anlehnen können, die uns Sicherheit bieten. Es können die leiblichen Väter sein oder Lehrer, Priester, Seelsorger, Therapeuten, die für uns Ersatzväter darstellen. Auch wenn wir unser Leben bestehen und für andere Vater sind, sehnen wir uns danach, uns anlehnen zu können, wieder Ermutigung zu erfahren von einem väterlichen Menschen. Das Bedürfnis können wir nicht aus uns heraus reißen. Wir sollen es ruhig zulassen. Aber zugleich sollten wir für uns selbst Vater sein, der dem kleinen Sohn oder der kleinen Tochter in uns den Rücken stärkt, der ihm oder ihr Mut macht, das Leben zu wagen und weiter zu kämpfen, damit das Leben gelingt.

Verletztes Vertrauen

In der geistlichen Begleitung höre ich oft, dass Menschen erleben mussten, wie ihr Vertrauen missbraucht worden ist. Sie haben dem Freund oder der Freundin etwas erzählt. Nun benutzt sie es gegen einen. Sie erzählt es ihrer Freundin weiter. Und auf einmal weiß die ganze Straße, was ich der Freundin im Vertrauen erzählt habe. Oder aber der Freund missbraucht das Vertrauen der Freundin. Er weiß, dass sie ihn liebt und ihm vertraut. So geht er leichtsinnig noch eine andere Freundschaft ein und trifft sich heimlich mit der anderen Frau. Oder ein Ehepaar hat jahrelang ineinander Vertrauen gehabt. Jetzt offenbart der Mann der Frau auf einmal, dass er sie nie geliebt habe. Solche Verletzungen machen einen Menschen unfähig, wieder Vertrauen zu gewinnen. Zumindest hinterlassen sie in ihm ein tiefes Misstrauen. Er hatte gedacht, sich auf den anderen und auf sein Gefühl verlassen zu können. Doch offensichtlich hat er sich getäuscht.

Wer solche Verletzungen seines Vertrauens erlebt hat, tut sich schwer, wieder neu Vertrauen zu fassen. Er hat Angst, sich auf einen Freund oder eine Freundin einzulassen. Es könnte ja wieder nur Einbildung sein. Ich könnte ja wieder so enttäuscht werden. Verletzungen des Vertrauens tun weh. Sie hinterlassen eine tiefe Wunde in meiner Seele. Denn im Vertrauen habe ich mich weit geöffnet. Wenn der andere das, was ich ihm im Vertrauen erzählt habe, überall heraus posaunt oder gar noch lächerlich macht, dann traue ich mich nie mehr, etwas von mir zu erzählen. Ich verschließe mich immer mehr. Aber damit schneide ich mich nur vom

Leben ab. Ich kenne die Tendenz, dem anderen nie mehr etwas von mir zu erzählen. Aber wenn ich diese Tendenz in mir wahrnehme, sage ich mir: „Lieber weiterhin vertrauen und im Vertrauen verletzt werden, als mich verschließen und nur misstrauisch durch die Welt zu laufen." Es tut zwar weh, wenn mein Vertrauen missbraucht worden ist. Aber ich stehe zu mir. Ich sage weiterhin das, was ich für richtig halte. Ich lasse mich nicht von dem, der mein Vertrauen missbraucht hat, für die Zukunft daran hindern, einem anderen zu vertrauen. Ich weiß, dass das nicht so einfach ist. Wenn das Vertrauen brüchig geworden ist, braucht es Zeit, bis es wieder wächst. Aber es ist für mich auch eine Sache der Entscheidung. Ich entscheide mich für das Vertrauen, auch mit dem Risiko, dass es verletzt ist. Das ist für mich wirkliches Leben. Das Verschließen hindert mich daran, zu leben. Mein Leben würde immer mehr reduziert. In mir ist die Sehnsucht nach Vertrauen. Auch wenn das Vertrauen missbraucht worden ist, traue ich meiner Sehnsucht nach dem Vertrauen. Und in meiner Sehnsucht nach Vertrauen komme ich schon in Berührung mit dem Vertrauen, dass trotz allen Misstrauens weiterhin in meiner Seele schlummert.

Sich öffnen für andere

Immer wieder höre ich die Klage: Ich kann den anderen nicht vertrauen. Ich bin so misstrauisch. Oft sind Menschen enttäuscht worden. Sie haben dem Vater vertraut. Der hat die Familie verlassen. Eine Frau hat als Jugendliche ihrem Freund vertraut. Sie hatte gedacht, es sei die große Liebe. Doch dann hat er sie verlassen und sich einem anderen Mädchen zugewandt. So traut sie sich nicht mehr, sich auf einen Menschen einzulassen. Sie könnte ja wieder enttäuscht werden. Ich kann diese Frau gut verstehen. Sie hat keine Garantie, dass die nächste Beziehung gelingt. Ihr Vertrauen kann wieder enttäuscht werden. Aber sich deshalb endgültig zu verschließen und sich gegenüber jeder Beziehung verweigern, wäre auch nicht die Lösung. Denn oft sind solche Menschen hin- und hergerissen. Sie sehnen sich nach einer Freundschaft. Aber sobald sich ihnen ein Freund oder eine Freundin näher kommt, flüchten sie oder verschließen sie sich. So sind sie oft todunglücklich.

Ich kann für dieses Problem keine Lösung anbieten. Ich versuche, der jungen Frau Mut zu machen ihrer Sehnsucht zu trauen. Aber zugleich muss sie auch Vertrauen in sich selber entwickeln. Denn wenn sie ihren ganzen Selbstwert davon abhängig macht, dass der andere bei ihr bleibt, wird sie immer in der Angst leben, die Beziehung könnte auseinander gehen. Ich muss einen guten Stand in mir selbst haben. Dann kann ich mich für den anderen öffnen. Diese Bereitschaft, mich auf den anderen einzulassen, ist immer ein Risiko. Aber es geht ja nicht um alles oder nichts. Wenn ich mich auf den anderen einlasse, dann spüre ich, ob das Vertrauen wächst und in mir eine Sicherheit entsteht, dass diese Frau oder dieser Mann vertrauenswürdig ist. Wenn im Entstehen der Freundschaft schon zu Beginn zu viele Probleme auftauchen, dann kann ich immer noch meiner Angst nachgeben und mich wieder zurückziehen. Ich soll meinem inneren Gefühl trauen. Und ich muss mir erlauben, dass eine Freundschaft auch wieder auseinander gehen kann. Nur wenn ich mir das erlaube, kann ich mich ohne Angst auf sie einlassen. Aber auch in der Freundschaft muss ich immer beide Pole beachten: es ist wichtig, zu mir selbst Vertrauen zu haben, meinen Gefühlen zu trauen, meine Erfahrungen ernst zu nehmen. Und gleichzeitig ist es aber auch wichtig, mich in den anderen hineinzudenken und mir vorzustellen, wie es sein wird, mit ihm mein Leben zu teilen. Wenn ich bei dieser Vorstellung in Panik gerate, dann muss ich mich meiner Angst stellen. Ist die Angst ein Zeichen, dass ich mich trennen soll? Oder aber verweist mich die Angst darauf, dass ich meine übertriebenen Erwartungen an die Freundschaft zurückstecken muss? In jeder Beziehung lernen wir. Wir können nicht warten, bis wir die absolut richtige und stimmige Beziehung finden. Die werden wir nie finden. Wir müssen uns verabschieden von unserem Perfektionismus, von Sicherheitswahn und von einem Denken in den Kategorien „Alles oder nichts". Dann kann Vertrauen wachsen. Und wir werden erfahren, wie tragfähig dieses Vertrauen für die Zukunft sein wird.

Verbunden mit anderen

Die Verunsicherung vieler Menschen hängt heute sicher auch damit zusammen, dass sie verunsichert sind in ihrer eigenen Rolle und dass sie nicht mehr in einer klaren und sicheren Tradition verwurzelt sind. Viele wissen nicht mehr, wer sie sind und wo sie hingehören: Sie sind heimatlos geworden. Hinter der Suche nach Heimat, die heute viele bewegt, steht die Sehnsucht nach Verbundenheit und Verbindlichkeit. In den USA, einem Land, das mit einem Schmelztiegel verglichen wurde und in dem es lange Zeit vor allem darauf ankam, seine eigenen Wurzeln zu vergessen, um sich in die neue multikulturelle Umgebung zu integrieren, zeigt sich die Suche nach Heimat darin, dass das Interesse am eigenen Stammbaum wächst. Man forscht nach den eigenen Vorfahren und sucht nach den Wurzeln der eigenen Geschichte. Man möchte sich vergewissern, wer die Menschen waren, mit deren Leben unser eigenes verkettet ist. Man fragt, wie sie gelebt und die Herausforderungen ihres Lebens gemeistert haben.

Ein anderer Weg, an der Kraft der Vorfahren teilzuhaben, sind die Rituale. Sie schaffen Vertrautes und bilden so Vertrauen. Manche Familien praktizieren an Weihnachten Rituale, die seit Jahrhunderten in ihren Familien vollzogen wurden. Die Rituale geben ihnen Anteil an der Glaubenskraft und Lebenskraft ihrer Vorfahren. Indem sie die gleichen Rituale vollziehen wie ihre Vorfahren, spüren sie, dass sie aus den gleichen Wurzeln ihre Kraft beziehen wie ihre Vorfahren. In ihnen wächst das Vertrauen, dass sie die Schwierigkeiten, die sich ihnen in den Weg stellen, auch bewältigen werden. Sie fühlen sich nicht allein gelassen und wurzellos, sondern verbunden mit der Kraft und mit dem Glauben ihrer Vorfahren.

Ein andere Form des Bedürfnisses, die Heimat zu erfahren und durch die Erfahrung der Heimat innere Kraft und Selbstvertrauen zu gewinnen, lässt sich heute in vielen Dörfern beobachten. Die Menschen dort versuchen, gegen den Zeittrend bewusst die Dorfgemeinschaft zu stärken und gemeinsame Projekte durchzuführen, die alle miteinander verbinden. Und sie schreiben Dorfchroniken. Sie erforschen die Geschichte des Dorfes, der Heimat, der Stadt, um zu erkennen, wie ihre Vorfahren gelebt haben und wie sie die Probleme ihrer Zeit durchgestanden haben. Überall entstehen Heimatvereine, in denen die Lieder der Heimat gesungen werden. Oft sind diese Lieder voller Schwermut und Melancholie. Aber in diesen Liedern wird die Sehnsucht nach den Wurzeln der Vergangenheit ausgedrückt. Die Vergangenheit wird nicht verklärt. Es war keine heile Welt. Aber sie zeigt, wie die Menschen mit ihrem Leben fertig geworden sind. Der Blick auf die Heimat stärkt das Vertrauen in die eigene Kraft. Das ist das Gefühl, das durch die Erfahrung von Heimat die Menschen berührt: Ich muss mir die Kraft nicht selbst erarbeiten. Sie steckt in mir. Sie ist mir vermittelt von den Vorfahren.

Freunde sind Heimat

Gerade in der Anonymität unserer Zeit braucht es Orte der Heimat, Sie sind nicht nur geographisch festgelegt. Solche Orte der Vertrautheit sind dort, wo ich zu Hause sein kann. Und das ist dort, wo Freunde sind. Wo Freundschaft gelebt und erfahren wird, entsteht Heimat. Echte Freundschaft zeichnet sich durch beides aus: durch innere Verbundenheit, aber auch durch innere Freiheit aus. Beides sind nur verschiedene Seiten des gegenseitigen Vertrauens: Unter Freunden darf ich sagen, was ich fühle, ohne alles berechnen zu müssen. Hier bin ich frei, den Weg zu gehen, den ich als richtig erkannt habe. Ich brauche keine falsche Rücksicht auf den Freund zu nehmen. Ich kann in diesem Umfeld frei atmen. Und ich lasse auch dem Freund den Freiraum, den er für sein Leben braucht. Der Freund hört genau hin, was mich im Innersten bewegt. Er hört sich in mich hinein, um zu entdecken, was die Grundmelodie meines Lebens ist, er nimmt wahr, wo und wie mein Leben zum Schwingen und Tönen kommt. Er spiegelt mich und erinnert mich an das, was ich im Tiefsten bin. Seine Aufgabe ist also mehr, als mich nur zu verstehen und mehr als nur bei mir zu stehen. Er nimmt vielmehr die Melodie meines Herzens in sich hinein, um sie dann wieder neu zum Klingen zu bringen, wenn sie in mir verstummt ist.

Halt in Beziehungen

Alles ändert sich heute rasend schnell und mit großem Getöse. Um im Trubel der Ereignisse einen festen Stand zu finden, muss ich erst einmal stehenbleiben, anstatt immer weiterzuhetzen. Stehenbleiben heißt: still werden. „Stille" kommt von „stellen". Ich stelle mich hin, um auf die Stille zu horchen, die um mich herum und die in mir ist. In der Stille bekomme ich einen festen Stand. Ich halte es aus bei mir. Ich weiß mich getragen. Wenn ich stehenbleibe, kann ich mich fragen: Was gibt mir Stand? Was sind meine Wurzeln, die mir Sicherheit geben? Da werde ich die Wurzeln in meiner Lebensgeschichte entdecken. Ich habe teil an den Wurzeln der Eltern und Großeltern, an den Wurzeln der Menschen in meiner Heimat. Ihre Lebenseinstellung, ihre Weisheit, ihre Art und Weise, auf die Probleme und Konflikte des Lebens zu reagieren, haben sich in mich eingeprägt. Sie geben mir Festigkeit. Ich habe Stehvermögen, wenn ich zu mir stehen kann, so wie ich bin. Für mich einstehen, zu mir stehen, das sind die Voraussetzungen, mitten in der Hektik der Zeit einen festen Stand zu finden.

Auch der Glaube kann mitten in der Hektik der Verhältnisse und im turbulenten Wechsel der Möglichkeiten einen guten Stand geben. Der Hebräerbrief definiert den Glauben als „Feststehen in dem, was man erhofft." (Hebr 11,1) Glauben heißt: einen guten Stand haben, feststehen können, ohne mich nach dem Wind der täglich wechselnden Meinungen drehen zu müssen. Beim Propheten Jesaja wird Glauben und Stehen zusammen gesehen: „Glaubt ihr nicht, so bleibt ihr nicht, so habt ihr kein Stehvermögen." (vgl. Jes 7,9) Paulus spricht davon, dass wir im Glauben feststehen sollen. Wir stehen in einer größeren Wirklichkeit, die uns Halt gibt mitten in der Haltlosigkeit der Welt.

Erst wenn ich still stehe, kann ich mich fragen: Worauf kann ich bauen? Sind es die Menschen und ihre Zuwendung? Die geben nur bedingt festen Stand. Letztlich werde ich bei allem, wonach ich Ausschau halte, auf einen letzten Grund stoßen, auf dem ich mein Lebenshaus bauen kann: auf Gott. Jesus spricht davon, dass wir unser Haus auf den Felsen seiner Worte bauen sollen und nicht auf den Sand unserer Illusionen, etwa auf den Sand der Illusion, wir könnten von der Zustimmung und Zuwendung der Menschen leben.

Wir müssen also aus der Zeit heraustreten, um in ihr einen festen Stand zu finden. Der Glaube ist ein Heraustreten aus dem Strudel, um einen festen Grund zu finden, auf dem wir das Haus unseres Lebens bauen können, ohne dass es einstürzt. Wenn ich einen festen Stand im Glauben habe, dann kann ich auch in eine gute Beziehung treten, in die Beziehung zu Gott, in dem ich stehe, aber auch in Beziehung zu mir selbst und zu den Menschen. Die Psychologen meinen, die Krankheit unserer Zeit sei die Beziehungslosigkeit. Viele hätten weder zu sich selbst eine Beziehung, noch zu den Dingen, noch zu den Menschen oder zu Gott. Für mich ist der Glaube vor allem die Fähigkeit, alles in meinem Leben in Beziehung zu setzen zu Gott und letztlich selbst immer in Beziehung zu sein, in Beziehung zur Transzendenz und in Beziehung zu dem Boden, auf dem ich stehe, zu mir selbst und zu den Menschen, die sich neben mich stellen, um mir zu begegnen und in der Begegnung ihren eigenen Stand zu finden.

Vom Wert der Verlässlichkeit

Wir erfahren im Alltag, dass wir uns auf Menschen oft nicht verlassen können. Da hat uns jemand Treue geschworen. Und doch verlässt er uns. Ein anderer scheint einen klaren Stand und eine überzeugende Meinung zu haben, doch dann verwickelt er sich in Skandale. Politiker richten sich nach dem Wind. Gerade in dieser Situation ist es wichtig, nicht zynisch, ironisch oder gar mit Resignation zu reagieren. Es gibt immer auch Menschen, auf die man sich wirklich verlassen kann, die einem nicht zu viel versprechen, die ehrlich und zugleich treu sind. Und es gibt einen letzten festen Grund meines Lebens, auf den ich mich verlassen kann: Von Gott weiß ich sicher, dass er mich nicht verlassen wird. Sogar wenn ich mich selbst verlasse, weil ich es nicht bei mir aushalte, verlässt mich Gott nicht.

Für Kinder ist Verlässlichkeit besonders wichtig. Für sie ist es wichtig, darauf vertrauen zu können und daran zu glauben, dass ihr Engel sie nicht verlässt, auch wenn Eltern sie verlassen, dass ihr Engel mit ihnen geht und sie aushält, auch dort, wo sie sich selbst nicht aushalten können. Ein solches tiefes Vertrauen ermöglicht es ihnen, zu sich zu stehen und ihre Person zu entfalten, anstatt innerlich zerrissen zu werden. Nur solches Trauen und Vertrauen gibt ihnen mitten in einer unsicheren Welt einen guten Stand. Menschen, die nie Verlässlichkeit erfahren haben, werden oft zu „Borderline-Patienten“. Sie haben keinen Halt. Und es braucht lange, bis sie Stabilität gewinnen.

Die Erfahrung zeigt, dass kein Mensch ohne Vertrauen leben kann. Selbst wenn er von anderen Menschen immer wieder enttäuscht worden ist, sehnt er sich nach Menschen, denen er vertrauen kann. Er hat in sich die Ahnung, dass er das Vertrauen braucht, um überhaupt einen festen Stand in dieser Welt zu haben. Und wenn ihn die Menschen immer wieder enttäuschen, dann sucht er sich einen anderen Halt. Auch das Vertrauen in Gott braucht normalerweise die Erfahrung menschlichen Vertrauens. Aber es gibt auch die Erfahrung, dass mangelndes menschliches Vertrauen uns dazu führt, unser Vertrauen in Gott zu setzen. Zumindest hat jeder in sich die Sehnsucht, vertrauen zu können. Und in der Sehnsucht nach Vertrauen ist schon anfanghaft Vertrauen in uns. Es geht also darum, Vertrauen zu gewinnen, Vertrauen zu vermitteln und zu stärken. Wir sollten gerade in einer Welt des ständigen Wandels selber Garanten der Zuverlässigkeit für andere werden. Das wird die Welt sinnvoller und besser machen.

Wir sind nicht allein

Alle Religionen kennen Engel, die Boten Gottes, die den Menschen seine heilende Nähe verkünden. Bei den Griechen gibt es den geflügelten Götterboten Hermes. Engel sind in den meisten Religionen helfende und heilende Mächte, die Gott den Menschen sendet. Die christliche Theologie hat seit den Kirchenvätern eine Lehre von den Engeln entfaltet – in der modernen Theologie allerdings wurden die Engel jahrelang vernachlässigt. Die Offenheit des heutigen Menschen für Engel zeigt sich davon unberührt. Sie hat ihren Grund darin, dass der Mensch ein Gespür für Transzendenz hat. Er sehnt sich danach, dass in seine oft gnadenlose Welt des Geschäfts eine andere Dimension einbricht. Er sehnt sich nach einer Welt der Geborgenheit und Leichtigkeit, der Schönheit und Hoffnung. Engel stehen für gelingendes Leben, für eine Liebe und Zärtlichkeit, die nicht die Brüchigkeit menschlicher Liebe aufweist. Engel öffnen den Himmel über den Menschen. Gott ist für viele Menschen eher fern und unverständlich. Engel sind ein konkreter Widerschein Gottes in unserer Welt. Durch die Engel kommt der Mensch in Berührung mit seiner Seele, und mit ihren kreativen und heilenden Kräften. „Engel", das kommt vom griechischen Wort angelos, „Bote". Wir sollten uns, sagt Augustinus, weniger über das Wesen der Engel Gedanken machen, als vielmehr über ihre Aufgabe: Engel sind Boten Gottes. Gott schickt sie uns, um uns eine Botschaft zu verkünden, uns zu schützen, uns in konkreten Situationen zu helfen oder uns in Haltungen einzuführen, die wir brauchen, damit unser Leben gelingt. Engel sind als geschaffene Wesen erfahrbar. Sie sind sichtbar. Spürbar. Engel, das können Menschen sein, die im rechten Augenblick in unser Leben treten, die uns auf etwas hinweisen, das für uns zum Segen wird, die rettend und helfend eingreifen, wenn wir nicht mehr weiter wissen. Auch die Traumboten sind in der Tradition immer Engel. In den Träumen spricht ein Engel zu uns – und Träume können wir sehen, aufschreiben, uns vor Augen halten. Engel sind innere Impulse in unserer Seele. Wir wissen nicht, woher der spontane Einfall kommt, einen anderen Weg zu nehmen. Und nachher erfahren wir, dass der andere Weg unser Leben gerettet hat. Solche spontanen Einfälle sind Engel, die Gott uns schickt. Auch Verstorbene können für uns zu Engeln werden, die uns begleiten.

Engel sind personale Mächte: das heißt, sie sind keine Personen in unserem Sinn, keine individuellen Wesen, die wir klar abgrenzen und beschreiben können. Aber sie sind Mächte und Kräfte, ihr Erscheinen ist keine Einbildung. Sie wirken und sie betreffen unsere Person. Das heißt, sie können uns begegnen und sie helfen uns auf unserem Weg der Selbstwerdung, der Personwerdung. Engel schützen unsere Person und Engel bringen uns mit wesentlichen Bereichen unserer Person in Kontakt. Engel bringen uns in Berührung mit unserer Seele, mit dem inneren Raum der Liebe und Freiheit.

Die Bibel erzählt uns von Engeln, die dem Menschen in konkreten Nöten zu Hilfe kommen. Da ist der Engel, der das Schreien des Kindes hört (Genesis 16), der Engel, der den resignierten Elija wieder aufweckt und aufrichtet (1 Könige 19), der Engel, der die Jünglinge im Feuerofen mit einem schützenden Hauch umgibt (Daniel 3). Da gibt es Rafael, den Engel, der die Beziehungen zwischen Mann und Frau und zwischen Vater und Sohn heilt (Tobit). Der Erzengel Michael, dessen Name bedeutet „wer ist wie Gott?“, kämpft für uns, damit keine irdische Macht uns bestimmt, sondern Gott uns zu uns selbst befreit. Gabriel ist der Verkündigungsengel, der uns die Geburt eines Kindes verheißt, der uns hinweist auf das Neue, das in uns aufbricht. Im Neuen Testament der Bibel treten die Engel vor allem bei der Geburt und bei der Auferstehung Jesu in Erscheinung. Ein Engel verkündet die Geburt Jesu und bringt damit Freude in das Leben der Hirten. Die Engel, die Gott loben, vermitteln uns die Leichtigkeit des Seins. So hat sie vor allem die Barockkunst verstanden, die die Wände der Kirchen mit Engeln verzierten, die uns auf das Spielerische unseres Seins hinweisen. Engel kommen zu Jesus in seiner Versuchung (Matthäus 4,11). Und ein Engel steht ihm bei in seiner Ohnmacht und Angst am Ölberg (Lukas 22,43). Engel verkünden den Frauen, dass Jesus von den Toten auferstanden ist. Und Engel sind es, die den toten Lazarus in den Schoß Abrahams tragen. Engel werden auch uns in die liebenden Arme Gottes tragen.

Vertrau dem heilenden Engel

Rafael ist der Engel der Heilung. Der Name Rafael heißt: Gott heilt. Rafael ist der Patron der Ärzte, aber auch der Wanderer. Raphael hat schließlich den jungen Tobias vier Monate lang auf seinen Wanderungen durch das Mederreich begleitet. Die Verehrung des hl. Rafael zeigt, dass es nicht in der Hand des Arztes liegt, wenn Heilung geschieht. Da wirkt immer eine göttliche Macht mit, und da ist ein Engel zur Seite, der den Kranken wirklich heilt. Und die Verehrung Rafaels als Schützer der Reisenden bringt zum Ausdruck, dass unser Weg den Schutz des Engels braucht. Wir sehnen uns danach, nicht allein unseren Weg gehen zu müssen, sondern einen treuer Begleiter zu haben. Sonst verirren wir uns leicht in der Wirrnis dieser Welt.

Rafael ist der Engel, der unsere Beziehungen heilt. Er heilt die Beziehung zwischen Mann und Frau und zwischen Kindern und Eltern. Tobias erhält den Auftrag, bei seinem Vetter im fernen Mederreich das Geld zu holen, das er dort verwahrt. Für die gefährliche Reise sucht er einen Wegbegleiter. Der Engel Rafael bietet sich ihm als Gefährte an. Auf dem Weg erzählt ihm der Engel von seinem Verwandten Raguel und seiner Tochter Sara. Sie ist von einem männermordenden Dämon besessen. In der Hochzeitsnacht sind schon sieben Männer verstorben, die sie heiraten wollten. So ein männermordender Dämon kann die zu starke Bindung der Frau an ihren Vater sein. Wenn die Frau noch an den Vater gebunden ist, hat der Mann neben ihr keine Chance zu überleben. Rafael zeigt nun, wie dieser Dämon vertrieben werden kann. Tobias soll aus dem großen Fisch, den sie fangen, Herz, Galle und Leber herausnehmen und sorgfältig aufbewahren. Bevor Sara und Tobias miteinander schlafen, soll Tobias erst zu Gott beten und dann Herz und Leber des Fisches verbrennen. Herz ist der Ort der Liebe. Aber unsere Liebe ist oft vermischt mit Besitzansprüchen und Kontrollierenwollen. Sie muß daher verbrannt, d. h. gereinigt werden. Leber ist der Ort größenwahnsinniger Vorstellungen. Dem Prometheus, der sich über sein Menschsein erhebt, frisst ein Adler täglich von seiner Leber. In die Liebe zwischen Mann und Frau mischen sich oft zu hohe Ideale. Man schwört sich im Gefühl des Verliebtseins ewige Treue. Und schon nach kurzer Zeit ist von diesem Überschwang der Liebe nichts mehr zu spüren. Diese Idealisierungen der Liebe müssen verbrannt werden, damit die Liebe den Alltag zu bewältigen vermag. Die Heilungsmethode des Engels gelingt. Beide schlafen miteinander und werden ein glückliches Paar.

Als Tobias und Sara zusammen mit dem englischen Begleiter nach Hause kommen, streicht der Sohn seinem Vater die Galle auf die Augen. Sie fangen an zu brennen. Tobit reibt sich seine Augen vor Schmerz. Dabei lösen sich die weißen Flecken und er kann wieder sehen. Die Galle gilt als Sitz der Aggressionen. Der Sohn muss sich von seinem Vater lösen. Die Aggression ist die Kraft, sich auf die eigenen Füße zu stellen und in eine gesunde Distanz zum Vater zu kommen. Erst wenn diese Distanz hergestellt ist, kann eine gesunde Beziehung zum Vater wachsen. Das gilt auch für die Beziehung zur Mutter. Die Kinder müssen sich von den Eltern lösen. Nur dann können sie dankbar sein für die positiven Wurzeln, die sie den Eltern verdanken.

Viele Psychologen meinen, die große Krankheit unserer Zeit sei die Unfähigkeit zu gelingenden Beziehungen. Die Scheidungsraten steigen. Offensichtlich tun sich Mann und Frau immer schwerer, auf Dauer eine gute Beziehung aufzubauen. Durch Konflikte, durch die Belastungen des Alltags wird die Liebe ausgedünnt. Und irgendwann stehen die Ehepartner an dem Punkt, an dem sie erkennen müssen, dass sie sich nichts mehr zu sagen haben, dass ihre Liebe verflogen ist, dass ein gedeihliches Miteinander nicht mehr möglich ist. So brauchen wir heute den Engel Rafael, dass er die vielen Beziehungen, die in eine Krise geraten sind, heilt, dass er die Liebe und die Gefühle von allen Trübungen und Vermischungen reinigt, damit jeder den anderen so akzeptieren kann, wie er ist.

Viele Freundschaften oder Ehe geraten heute in eine Krise. Beziehungen heilen sicher nicht ohne unser Zutun. Aber unser Engel wird Wege zeigen, wie unsere Beziehung wieder stimmig werden kann.

Zeugen der Hoffnung

Heilige sind keine perfekten Menschen, sondern Menschen, die alle ihre Fehler und Schwächen Gott gezeigt haben und deren Schattenseiten von Gottes Licht erleuchtet wurden. Sie waren weder fehlerlos, noch in jedem Fall psychisch völlig gesund. Wie wir litten auch die Heiligen an ihren Fehlern und Schwächen. Aber sie haben ja gesagt zu ihrem Sosein und haben es in den Dienst Gottes gestellt. Sie spürten, dass alles, was von ihnen an Heilung ausging, nicht ihr Verdienst war, sondern allein das Werk Gottes. So sind Heilige Zeichen der Hoffnung, dass auch unser Leben gelingen und unsere Sehnsucht erfüllt wird.

Wir alle tragen einen Namen. In der katholischen Tradition suchen Eltern für ihre Kinder Namen von Heiligen aus, die zu ihren Namenspatronen werden. Wenn ich die Geschichte des oder der Heiligen meditiere, dessen/deren Name ich trage, lerne ich mich selbst besser kennen. Ich entdecke Seiten an mir, die ich bisher übersehen habe. Ich gewinne Vertrauen, dass ich mehr Möglichkeiten habe, als ich mir bisher zugestanden habe. Ich komme mit meinem wahren Wesen in Berührung. Heilige sind Bilder, durch die wir das eigene Bild klarer erkennen. Sie geben uns Mut, uns bedingungslos anzunehmen, nicht nur mit unseren Schattenseiten, sondern gerade auch mit unseren Lichtseiten, mit den Fähigkeiten und Möglichkeiten, die in uns stecken. Sie inspirieren uns dazu, unserer Sehnsucht zu trauen – und ihr zu folgen.

4

ZUVERSICHTLICH LEBEN – IN ALLER ANGST

Angst oder Vertrauen?

In jedem von uns ist Angst und Vertrauen. Es gibt keinen Menschen, der nur Angst hat oder nur Vertrauen. Doch oft sind wir auf die Angst fixiert. Die Angst hat ihre Berechtigung. Wenn wir keine Angst hätten, hätten wir kein Maß. Die Angst weist uns auf reale Gefahren hin und mobilisiert in uns Kräfte, uns gegen die Gefahr zu schützen. Und die Angst lädt uns immer wieder ein, unsere eigenen Grenzen zu akzeptieren. Doch es gibt auch Ängste, die uns lähmen. Wir können sie nicht einfach unterdrücken. Besser ist es, mit ihnen zu sprechen. Dann werden wir merken, wo die Angst uns auf falsche Grundannahmen aufmerksam macht. Vielleicht zeigt uns die Angst, dass wir zu hohe Idealbilder von uns aufgebaut haben, die wir aber nie verwirklichen können. Oder sie verweist uns auf die Grundannahme, dass wir keine Fehler machen dürfen, weil wir sonst von den Menschen abgelehnt werden, oder dass wir uns nicht blamieren dürfen, weil wir sonst nichts wert sind. Andere Ängste verweisen uns auf das Wesen unseres Menschseins. Die Angst vor Krankheit und Tod können wir nicht ausrotten. Sie führt uns zu unserem wahren Selbst, das die Krankheit und den Tod überdauert.

Neben diesen persönlichen Ängsten gibt es die Angst um die Zukunft unserer Welt, die Angst vor Krieg und Terror, vor der Macht der organisierten Kriminalität, vor der zunehmenden Überalterung der Gesellschaft und vor wachsender Umweltzerstörung. Diese Ängste sind alle berechtigt. Sie wollen in uns Kräfte mobilisieren, gegen diese negativen Tendenzen in unserer Welt anzugehen und für das Gute zu kämpfen. Aber in diesem Kampf dürfen wir uns nie nur von der Angst treiben lassen. Letztlich braucht es das Vertrauen, dass das Gute stärker ist als das Böse, dass die Welt trotz der destruktiven Möglichkeiten der menschlichen Macht, trotz aller Gefährdung in der Hand Gottes ist. Angst allein ist ein schlechter Ratgeber. Angst kann Kräfte mobilisieren, aber es braucht das Vertrauen, um sie in die richtigen Bahnen zu lenken. Und es braucht Vertrauen und Hoffnung, um sich selbst und die Menschheit nicht aufzugeben, sondern an eine gute Zukunft zu glauben, weil die Zukunft in Gottes Hand ist.

Es gibt Menschen, die anderen gegenüber vertrauensselig sind und oft missbraucht werden. Vertrauen braucht immer auch ein realistisches Einschätzen der anderen Person oder der Situation. Aber Vertrauen als Grundhaltung ist die Voraussetzung, dass mein Leben gelingt. Dieses Vertrauen kann ich mir nicht einfach befehlen. Es ist mir hoffentlich als Urvertrauen geschenkt worden durch meine Eltern und durch meine Lebenserfahrung gewachsen und gestärkt worden. Ich kann daran arbeiten, das Vertrauen und die Zuversicht in mir zu stärken. Und wenn meine Lebensgeschichte mir vielleicht einen Mangel an Vertrauen beschert hat, kann der Glaube, dass Gott mich trägt, diesen Mangel ausgleichen oder beheben und mein Vertrauen stärken.

Wer öffnet?

Die Angst ist die Schwester der Sorge. Wir machen uns viele Sorgen, weil wir Angst haben, es könnte etwas eintreten, was uns überfordert. Ein chinesisches Sprichwort spricht davon, dass die Angst an die Tür unserer Seele klopft: „Die Angst klopft an die Tür. Das Vertrauen öffnet. Niemand steht draußen." Die meisten werden die Sorge an die Tür schicken, um zu öffnen. Das Klopfen der Angst verdrängt in uns allzu oft das Vertrauen. Es traut sich nicht an die Tür. Das Sprichwort will uns einladen, das Vertrauen, das trotz aller Angst auch in uns ist, öffnen zu lassen. Keiner von uns hat nur Angst, keiner hat nur Vertrauen. Wir haben immer beides. Es ist unsere Entscheidung, wen wir zum Türöffner machen. Wenn das Vertrauen öffnet, werden wir die befreiende Erfahrung machen können, dass niemand draußen steht. Es war nur die Angst unserer Seele, aber niemand in der realen Welt, der da an unsere Tür geklopft hat.

Trotz aller Brüchigkeit

Ob wir Vertrauen haben oder nicht, wir geraten in unserem Leben immer wieder auch in Krisen. Das Vertrauen schützt uns nicht vor der Krise. Aber in der Krise käme es darauf an, am Vertrauen festzuhalten. Die Krise nimmt mir den Halt, an dem ich mich bisher festgehalten habe. Vielleicht war der Halt ein Mensch, an dem ich mich festgehalten habe. Oder es war meine Gesundheit, meine Intelligenz, meine Fähigkeit, Probleme zu lösen und das Leben zu meistern. Dieser Halt wird durch die Krise brüchig. Und die Frage ist, ob ich selbst daran zerbreche, oder ob ich durch die Brüchigkeit meines Lebens einen Grund in mir finde, der mir Festigkeit verleiht. Das Vertrauen gibt mir einen festen Grund. Dabei hat das Vertrauen verschiedene Dimensionen. Da ist das Vertrauen, das ich von Natur aus in mir habe, das Vertrauen, dass sich Probleme lösen und Krisen vorüber gehen. Oder es ist das Vertrauen, dass ich bisher immer durch gekommen bin, auch wenn es manchmal schwer war. Oder ich vertraue darauf, dass ich nicht allein gelassen werde, dass Menschen mir beistehen. Oder ich werde durch die Krise auf Gott geworfen. Ich vertraue, dass Gott mich in der Krise hält, dass Gott der tiefere Grund ist, auf dem ich stehen kann, auch wenn alles Äußere wegbricht.

Wir setzen Vertrauen oft als Gegensatz zur Angst. Doch es gibt auch ein Vertrauen in der Angst. Die Krise macht mir Angst. Ich weiß nicht mehr, ob ich die Krise bewältigen kann, ob es einen Weg heraus gibt. Das Vertrauen vertreibt nicht einfach die Angst. Die Angst wird immer wieder in mir auftauchen. Aber ich vertraue darauf, dass die Angst nicht die einzige Emotion ist, die in mir ist, sondern dass unterhalb der Angst auch in mir noch eine Quelle des Vertrauens fließt. Die Angst lädt mich dann ein, das, was mir Angst macht, anzuschauen und zugleich tiefer zu gehen, in den Grund der Seele vorzustoßen, in dem auch Vertrauen in mir bereit liegt. Der Glaube ist der Weg zu diesem Vertrauen. Die Mönche haben einen konkreten Weg vorgeschlagen, um mitten in der Angst mit dem eigenen Vertrauen in Berührung zu kommen. Sie raten, in die Angst das Wort aus Psalm 118 hinein zu sprechen: „Der Herr ist mit mir. Ich fürchte mich nicht. Was können Menschen mir antun!" Dabei geht es nicht darum, die Angst zu vertreiben, sondern mitten in der Angst mit dem Vertrauen in Berührung zu kommen, das auch in mir wohnt. Das Wort der Bibel lässt das Vertrauen, das in mir ist, aber oft nicht wirkt, stark werden, so dass es mehr und mehr die Seele und das Herz durchdringt und mir das Gefühl gibt: Ja, ich bin nicht allein. Ich darf mitten in meiner Angst vertrauen.

In aller Bedrängnis

Die Jünger Jesu fahren auf dem See. Auf einmal geraten sie in einen Gegenwind und das Boot wird hin und her geworfen. Jesus kommt ihnen auf dem See entgegen. Sie meinen, es sei ein Gespenst, und sie schreien auf vor Angst. Da sagt Jesus zu ihnen: „Habt Vertrauen. Ich bin es. Fürchtet euch nicht." (Mt 14,27) Im Griechischen steht hier ein eigenartiges Wort: „Tharseite" Es hat die Bedeutung von: „guten Mutes sein, getrost sein, Vertrauen haben, mutig herangehen". Platon spricht von „Vertrauen haben" angesichts des Todes. Im Gespräch mit Sokrates, der den Schierlingsbecher trinken soll, kreist das Gespräch darum, dass der, der an die Unsterblichkeit der Seele glaubt, keine Angst vor dem Tod hat, sondern getrost dem Tod entgegen gehen kann. Im Neuen Testament wird dieses Wort oft Jesus in den Mund gelegt. Jesus fordert den Gelähmten auf: „Sei getrost (hab Vertrauen), mein Kind, deine Sünden sind dir vergeben." (Mt,92) Der blutflüssigen Frau sagt er: „Sei getrost, meine Tochter. Dein Glaube hat dich gesund gemacht." (Mt 9,22) Jesus selbst gibt den Menschen, denen er das Vertrauen zuspricht, den Grund für solches Vertrauen. Weil er da ist, brauchen sie keine Angst zu haben. Er vermittelt durch seine Gegenwart den Menschen Vertrauen. Er stärkt ihnen gleichsam den Rücken. Seine Ausstrahlung vertreibt die Angst und bringt die Menschen mit dem Vertrauen in Berührung, das in ihnen ist.

Im Johannesevangelium benutzt Jesus dieses Wort an einer wichtigen Stelle: „In der Welt habt ihr Angst. Aber seid getrost, ich habe die Welt überwunden." (Joh 16,33) Das Johannesevangelium scheint sich hier auf Mysterienkulte zu beziehen, in denen den Mysten auch dieses „tharseite" zugerufen wurde. In den Mysterienkulten feierte man das Schicksal eines Gottes, der – ähnlich wie Jesus Christus, der Sohn Gottes – von den Mächten des Bösen besiegt wird, aber letztlich doch Sieger bleibt. Weil Gott gerettet wurde, deshalb haben die Mysten an seinem Sieg über alle Not teil. Wir Christen haben teil am Sieg Jesu über die Welt. Die Maßstäbe dieser Welt haben keine Macht mehr über uns. Deshalb können wir getrost sein. Es gibt nichts, was unser Sein in Christus letztlich gefährden könnte. Selbst die Wellen, die uns in die Tiefe mitreißen möchten, können uns das Vertrauen nicht nehmen. Denn inmitten der Bedrängnisse dieser Welt steht Christus neben uns als der, der uns wie Petrus an die Hand nimmt und uns zuruft: „Hab Vertrauen. Hab Mut. Sei getrost. Ich bin bei dir."

Fürchte dich nicht!

Die Angst wird uns begleiten, bis wir uns im Tod Gott hingeben. Aber sie wird uns nicht mehr im Griff haben. Mitten in unserer Angst dürfen wir immer wieder das tröstende und ermutigende und befreiende Wort Jesu hören: „Fürchte dich nicht!" Ein Exeget hat nachgezählt, dass dieses Wort „Fürchte dich nicht!" 365 mal in der Bibel vorkommt. Das ist für mich ein schönes Bild: Über jedem Tag steht das Versprechen Gottes, uns die Angst zu nehmen. Aber die Bibel rechnet auch damit, dass uns jeden Tag die Angst überfallen oder aus den Tiefen unseres Unbewussten aufsteigen kann. Es ist also ein tägliches Thema: die Angst anzuschauen und sie zugleich im Blick auf Jesus Christus und im Vertrauen auf das ermutigende Wort Gottes zu verwandeln.

Was uns Vertrauen schenkt

Unsere Angst hängt zutiefst mit unserer Beziehung zur Welt zusammen. Wir haben Angst, die Welt zu verlieren, und damit das, was wir mit Welt verbinden: Besitz und Erfolg, Zuwendung und Bestätigung, Gesundheit und Kraft. Und wir haben Angst vor der eigenen Endlichkeit, die mit unserem Sein in der Welt verbunden ist. Wir spüren, dass die Welt unsere unendliche Sehnsucht nicht zu erfüllen vermag. Sie bietet uns Geborgenheit und Halt, verspricht uns Belohnung für unsere Leistung, Anerkennung für das, was wir sind. Und zugleich erfahren wir, dass die Welt nicht hält, was sie verspricht. Alles, was wir mit der Welt verbinden, ist brüchig: unser Körper ist verwundbar, der Besitz ist vergänglich. Wir können ihn nicht mitnehmen in den Tod. So sagt es uns schon der skeptische Prediger im Buch Kohelet. Am Ende all seiner Bemühungen um Erfolg und Vergnügen, um Besitz und Sicherheit muss er bekennen: „Das Ergebnis: Das ist alles Windhauch und Luftgespinst." (Koh 1,11)

Im Johannesevangelium verbindet Jesus die Angst mit unserem In-der-Welt-Sein. Johannes Schneider übersetzt diesen Vers: „In der Welt habt ihr Angst, aber seid getrost: Ich habe die Welt überwunden." (Jo 16,33) Johannes bezieht sich in diesem Wort offensichtlich auf die Daseinserfahrung der Gnosis, die sich danach sehnte, der Welt zu entfliehen und in der Erleuchtung, eine Beruhigung der Grundangst zu finden, die mit ihrem In-der-Welt-Sein eng verbunden war.

Im Johannesevangelium wird uns ein Jesus vor Augen geführt, der keine Angst hat. Er ruht in Gott. Er hat in Gott alle menschliche Angst überwunden. Jesus geht auch durch die Passion als einer, der souverän über allen menschlichen Bedrohungen steht. Er hat seine Mitte in Gott gefunden. Daher kann ihn auch ein Pilatus nicht aus seiner Mitte stoßen. Und selbst die Henker können ihm nichts anhaben. Sie können nur seinen Leib töten. Aber er wird den grausamen Tod, dem sie ihm antun, nur als ein Gehen zum Vater verstehen. Jesus hat in sich die Angst überwunden. Und so lädt er *uns* ein, im Glauben unsere Angst zu überwinden. Indem ich auf Jesus schaue, kann ich anders mit meiner Angst umgehen: Wenn ich Angst habe, soll ich mich immer fragen, ob ich an der Welt hänge, ob ich mich von der Welt und ihren Maßstäben bestimmen lasse. Der Weg, von der Angst frei zu werden, ist: von der Bindung an die Welt frei zu werden.

Die personale Begegnung mit einem Menschen, der mich bedingungslos annimmt, der mich nicht bewertet und beurteilt, sondern mich so gelten lässt, wie ich bin, ist dabei der Ort, an dem ich etwas vom absoluten Personsein Gottes ahne, welcher der letzte Grund meines Daseins ist, der mir in der Tiefe meine Angst um mich selbst nimmt. In der Person Jesu Christi leuchtet das Du Gottes für uns in einmaliger Weise auf. Jesus hat den Menschen ein absolutes Vertrauen in Gottes Güte vermittelt, das ihre tief sitzende Angst zu beruhigen vermochte. Er hat dabei archetypische Bilder und Symbole gebraucht, die in die Tiefe des menschlichen Unbewussten reichen und dort den Ursprung der Angst berühren und erhellen.

Jesus, so sagt es uns das Johannesevangelium, hat die Welt überwunden. Er hat sich nicht von den Maßstäben dieser Welt leiten lassen. Und er hat auf Gott, seinen Vater, vertraut.

Das hat ihn von der Macht der Welt befreit. Er hat die Welt durchschaut, die Versprechungen der Welt als leer entlarvt und den Grund seines irdischen Daseins in seinem göttlichen Vater gesehen. Im Glauben haben wir an dieser Angstüberwindung Jesu teil. Da übersteigen wir die Welt. Wir sind zwar noch nach wie vor in der Welt. Aber wir sind nicht mehr von der Welt. Weil unser tiefster Grund in Gott verborgen liegt hat die Welt keine Macht über uns. Sie kann uns keine Angst mehr machen. Im Glauben sehen wir die Welt mit anderen Augen. Da schauen wir auf den Grund, auf das Wesen der Dinge. Und in allem sehen wir letztlich Gott. Daher sind wir in der Welt, aber nicht von ihr beherrscht. Wenn alles von Gott durchdrungen ist, dann verliert die Welt das Beängstigende. Dann begegnen wir in der Welt Gott. So besteht die Überwindung der Angst nach dem Johannesevangelium einmal in der Freiheit gegenüber der Welt und zum anderen in der Verwandlung der Welt durch den Glauben. Im Glauben sehen wir, dass Gott selbst durch Jesus Christus in diese Welt gekommen ist. Und als von Gott erfüllte wird diese Welt uns zur Heimat. Doch die tiefste Heimat mitten in der Welt ist das Wissen um unser Gegründetsein in Gott. In Gott zu sein, das schenkt uns wahre Freiheit von unserer Angst.

Das Unbekannte in uns

Jesus beginnt eine Rede an die Jünger mit den Worten: „Fürchtet euch nicht vor ihnen! Denn nichts ist verhüllt, was nicht enthüllt wird, und nichts ist verborgen, was nicht bekannt wird. Was ich euch im Dunkeln sage, davon redet am hellen Tag, und was man euch ins Ohr flüstert, das verkündet von den Dächern." (Mt 10,26f) Jesus spricht diese Worte in die Situation der Jünger hinein. Wir können sie aber auch auf unsere alltäglichen Ängste beziehen. Dann geht es in diesen Worten um die Angst vor dem Unbekannten in *uns*. Viele Menschen haben Angst, in sich hinein zu schauen. Sie meinen, sie würden dort nur dem Bösen begegnen.

Jesus gibt als Therapie für diese Angst an: Was in dir verhüllt ist, das wird sowieso enthüllt. Es lohnt sich nicht, es zu verstecken und zu verbergen. Gott wird es mir offenbaren, aber auch anderen. Für Gott steht nichts im Dunkeln. So sagt es schon der Psalm 139: „Würde ich sagen: Finsternis soll mich bedecken, statt Licht soll Nacht mich umgeben, auch die Finsternis wäre für dich nicht finster, die Nacht würde leuchten wie der Tag, die Finsternis wäre wie Licht. – Denn du hast mein Inneres geschaffen, mich gewoben im Schoß meiner Mutter. Ich danke dir, dass du mich so wunderbar gestaltet hast." (Ps 139, 11-14) Dass Gott mein Inneres kennt, ist nicht bedrohlich. Denn er hat es selbst geschaffen, und er hat es wunderbar gestaltet. Für Gott ist das Dunkle in mir also hell. Und es darf so sein, wie es ist. Denn auch das Dunkle in mir ist gut.

Jesus spricht in diesem Dunkeln, das wir am liebsten verdrängen würden, zu uns: „Was ich euch im Dunkeln sage, davon redet am hellen Tag." (Mt 10,27) Jesus ist gerade in meiner Dunkelheit bei mir. Die Dunkelheit ist nicht der Ort der Gottesferne, sondern seiner besonderen Nähe. Dort spricht er zu meinem Herzen. Und er erleuchtet alles in mir mit dem Licht seiner Liebe. Er weiß, was in mir ist. Er enthüllt es mir. Daher brauche ich es vor mir selbst und auch vor anderen nicht mehr zu verhüllen. Alles, was in mir ist, ist vom Licht Jesu durchdrungen. Daher ist es nicht gefährlich. Ich brauche keine Angst davor zu haben, im Dunkeln brodele ein Vulkan, der bald hochgehen könnte. Jesus selbst ist in dieses Dunkel hineingestiegen, um es mit seinem Licht zu erhellen. Und er hat seine Worte, Gottes Reich sei nahe, gerade in die innere Finsternis hineingesprochen. Auch dort, wo es in mir dunkel ist, wohin ich nicht gerne schauen möchte, was mir Angst macht, ist Gott mir nahe. Dort ist das Reich Gottes. Auch dort will Gott in mir herrschen. Wenn Gott auch im Dunkeln wohnt, brauche ich keine Angst mehr davor zu haben. Ich darf es anschauen. Ich weiß mich angenommen mit allem, was in mir ist. Das befreit mich von dem Druck, all das Unangenehme in mir zu verstecken. Es darf sein. Es ist von Gottes Licht durchdrungen. Gottes Licht leuchtet in alle Abgründe meiner Seele. Daher darf auch ich in diese Abgründe hinein schauen, ohne zu erschrecken. Wenn ich in mich hinein schauen kann, ohne zu erschrecken, weil Gottes Licht selbst in mir ist, dann habe ich keine Angst mehr vor mir, dann kann ich glücklich sein.

Wo Gefahr ist

Auch zur Zeit Jesu gab es eine Stimmung, die man als Endzeitpanik bezeichnen könnte. In seiner apokalyptischen Rede, die Lukas berichtet spricht Jesus davon, wie wir diese Angst vor der Zukunft, die es zu seiner Zeit mit apokalyptischer Wucht gab, überwinden können: „Es werden Zeichen sichtbar werden an Sonne, Mond und Sternen, und auf der Erde werden die Völker bestützt und ratlos sein über das Toben und Donnern des Meeres. Die Menschen werden vor Angst vergehen in der Erwartung der Dinge, die über die Erde kommen; denn die Kräfte des Himmels werden erschüttert werden." (Lk 21,25f) Im Griechischen steht hier das Wort: apopsychoo = das Atmen aufhören, das Leben aushauchen. Angst macht atemlos, sie führt ja buchstäblich dazu, dass wir aufhören zu atmen oder dass uns das Leben völlig entschwindet. Lukas meint, der Blick auf die bedrohlichen Ereignisse am Himmel und auf die Flutwellen des Meeres lässt uns den Atem stocken. Diese Angst ist heute genauso aktuell wie damals. Für viele sind Erdbeben, Überschwemmungen und Unwetter Vorboten des Weltendes. Alles wird in einer riesigen Katastrophe enden, die jegliches Leben auslöschen wird, so fürchten sie.

Wie reagiert Jesus auf solche Endzeitpanik? In diese Angst hinein sagt er das tröstende Wort: „Wenn all das beginnt, dann richtet euch auf, und erhebt eure Häupter; denn eure Erlösung ist nahe." (Lk 21,28) Die Menschen sollen sich vor den Katastrophen nicht ängstigen. Sie sind vielmehr der Beginn der Erlösung. Wie ist das zu verstehen?

Zunächst einmal meint Jesus seine Zusage wohl zeitlich: Wenn es immer schlimmer wird in der Welt, so ist das ein Vorbote für das Kommen des Menschensohnes. Und wenn der Menschensohn in Herrlichkeit kommt, dann werden die Menschen erlöst und befreit. Sein Kommen befreit sie von aller Bedrängnis, und damit auch von der Angst.

Wir können dieses Jesus-Wort aber auch noch anders verstehen: Wir sollen unseren Blick nicht auf die Katastrophen und auf unsere Angst richten, sondern uns aufrichten und nach oben schauen. Von Gott, vom Himmel kommt unsere Erlösung. Vom Himmel aus sehen wir anders auf die Welt um uns herum. Wir sehen über den engen Horizont hinaus. Und da erkennen wir eine gute Macht, die uns in ihren Händen hält, den erlösenden und heilenden Gott, Jesus Christus, der mitten in der größten Not des Kreuzes unser Erlöser ist.

Eine dritte Deutung bezieht sich auf den Beginn der Erlösung in aller Bedrängnis. Dort, wo wir am meisten Angst haben vor dem Untergang, dort beginnt schon die Erlösung. Hölderlin hat das in die berühmten Worte gekleidet: „Wo aber Gefahr ist, wächst das Rettende auch." Der Blick des Glaubens sieht in der Mitte der Nacht bereits den Anfang des Tages, in der Krise schon den Anfang der Wandlung und in der Dynamik der Angst schon die Kraft des Vertrauens, das auch in uns steckt.

Lukas hat die Verwandlung der Angst mitten in der größten Bedrängnis in seiner Erzählung von der Verklärung Jesu beschrieben. Jesus ist mit seinen Jüngern am Abend auf den Berg gestiegen. Wie er es gewohnt ist, betet er nachts. Die Jünger schlafen dabei ein. Doch auf einmal wachen sie auf und sie sehen die Herrlichkeit Jesu und Elija und Moses, die bei ihm stehen. Während des Gebetes hat sich Jesu Antlitz verwandelt, und sein Gewand wurde weiß wie ein Blitz. Doch trotz dieser beglückenden Erfahrung des in Licht getauchten Herrn geraten die Jünger sofort wieder in Angst, als eine Wolke sie überschattete (Lk 9,34). Doch aus dieser Wolke ertönt die Zusage Gottes: „Das ist mein auserwählter Sohn, auf ihn sollt ihr hören." (Lk 9,35).

Das ist die Verheißung dieser Geschichte: In der Nacht geschieht die Verwandlung. Dort, wo es am dunkelsten ist, leuchtet Gottes Licht am hellsten. Trotz dieses Wissens werden wir immer wieder in Angst geraten, wenn eine Wolke uns überschattet, die Wolke einer Krankheit, die Wolke einer Bedrohung durch den Verlust der Arbeit oder durch schwierige Umstände. Dann bleibt uns wie den Jüngern nichts anderes übrig, als auf die Stimme Gottes zu hören. Sie verkündet, dass mitten in der Nacht und auch, wenn Wolken die Aussicht zu nehmen scheinen, Jesus unter uns ist. Wenn wir auf ihn hören mitten in der Angst, wenn wir an sein Kommen glauben mitten in der Nacht, dann wird auch für uns die Dunkelheit zum Licht und die Not zur Erlösung. Mitten in der Angst und in der Bedrängnis sollen wir aufschauen. Dann – so glaubt es Lukas – werden wir Jesus erkennen, der gerade in diesem Augenblick zu uns kommt. Er ist der, der immer zu uns kommt und uns Rettung verheißt. Wenn er kommt, dann geschieht Erlösung. Dann lösen sich die Fesseln unserer Angst und unser Herz weitet sich.

Entscheidung zur Hoffnung

Das Neue Testament spricht nur selten von der Sehnsucht, aber sehr oft von der Hoffnung. Die Sehnsucht treibt den Menschen. Die Hoffnung – so sagt die theologische Tradition – ist eine von Gott geschenkte Tugend, eine Kraft, zu der uns Gott befähigt. Sie gestaltet diese Welt, weil sie glaubt, dass Gott für diese Welt eine Zukunft bereitet hat. Sie vertraut darauf, dass es einen Sinn hat, sich für die Menschen einzusetzen. Sie ist voller Zuversicht, dass Gott für die Menschen eine gute Zukunft bereit hält. Aber zugleich weiß die Hoffnung, dass unsere innerweltlichen Absichten ins Leere gehen, wenn sie nicht vom Vertrauen in ein größeres Wirken getragen sind.

Die Hoffnung gleicht der Sehnsucht. Und doch ist sie noch etwas anderes. Die Hoffnung ist geprägt von dem Vertrauen in die Zukunft, von dem Vertrauen, dass die Zukunft in Gottes Hand liegt und dass er unsere tiefsten Sehnsüchte erfüllt. Und die Hoffnung beinhaltet das geduldige Ausharren, bis Gott seine Verheißungen an uns Wirklichkeit werden lässt. Die Sehnsucht ist einfach da, ob ich will oder nicht. Für die Hoffnung muss ich mich bewusst entscheiden. Sie ist eine Tugend, die ich pflegen muss. Gegenüber der pessimistischen Grundhaltung, die meint, die Welt steuere dem Verderben entgegen, vertraut die Hoffnung darauf, dass Gott die Welt und den Menschen zur Vollendung führt, auch wenn diese Vollendung über das Scheitern und Zerbrechen menschlicher Vorstellungen führt. Das Kreuz steht für die Hoffnung, dass selbst im Untergang neues Leben aufleuchtet.

Im Leben und im Sterben

Jeder wird irgendwann mit der Angst vor dem eigenen Tod konfrontiert. Es hat keinen Zweck, diese menschliche Urangst zu verdrängen. Wir müssen lernen, mit ihr umgehen. Das gelingt uns, indem wir uns fragen, ob mit dem Tod tatsächlich alles vorbei, ob der Tod das letzte Wort ist oder nur ein Durchgang zu neuem Leben.

Der Tod konfrontiert mit der eigenen Wahrheit. Und die Konfrontation mit der Endgültigkeit des Todes provoziert die Angst vor der Wahrheit des eigenen Lebens.

Im Matthäus- und Markusevangelium spricht der Auferstehungsengel die Frauen mit dem Wort an: „Fürchtet euch nicht!" Im Matthäusevangelium richtet der Engel diese Worte an die erschrockenen Frauen. Als sie vom Grab weggehen, um den Jüngern die Frohe Botschaft von der Auferstehung zu künden, begegnet ihnen der Auferstandene selbst. Sie werfen sich vor ihm nieder und umfassen seine Füße. Da sagte Jesus zu ihnen: „Fürchtet euch nicht: Geht und sagt meinen Brüdern, sie sollen nach Galiläa gehen, und dort werden sie mich sehen." (Mt 28,10) Auferstehung heißt für Matthäus Überwindung unserer Todesangst. Im Grab, an der Stätte des Todes selbst, steht ein Engel, der uns auffordert, alle Furcht fallen zu lassen. Und das erste Wort des Auferstandenen an die Frauen soll ihre Angst überwinden.

Auch im Markusevangelium spricht der Engel die Frauen mit dem ermutigenden Wort an: „Erschreckt nicht!" Doch offensichtlich löst das nicht die Angst der Frauen. Sie verlassen das Grab und fliehen: „Denn Schrecken und Entsetzen hatte sie gepackt. Und sie sagten niemand etwas davon; denn sie fürchteten sich." (Mk 16,8) Schon für die Kirchenväter war dieser Schluss des Markusevangeliums ein Rätsel. Das letzte Wort der frohen Botschaft heißt: Sie fürchteten sich sehr. Die Angst bewirkt in den Frauen ein Zittern des Leibes und ein Erschauern und Entsetzen. Sie sehen das leere Grab und sie erblicken in diesem Grab, in dem der tote Leichnam Jesu gelegen hatte, einen Engel in lichtem Gewand. Diese Erfahrung der Todesüberwindung bewirkt in ihnen Furcht. Es ist keine Todesangst, sondern das Betroffensein vom Geheimnis der Auferstehung. In diesem Schlusswort des Markus wird deutlich, dass wir die Botschaft von der Auferstehung Jesu nur mit einem betroffenen Herzen verkünden können. Wir können über sie nicht distanziert reden und auch nicht mit Selbstsicherheit und Klarheit. Es ist und bleibt ein Geheimnis, wie Jesus den Tod zu überwinden vermochte. Und immer wieder müssen wir selbst die Angst und das Entsetzen und Zittern der Frauen erleben, um dieses Geheimnis zu verstehen.

Bei Lukas und Johannes grüßt der Auferstandene die Jünger nicht mit dem „Fürchtet euch nicht!", sondern mit dem Friedensgruß: „Friede sei mit euch!" (Lk 24,36; Joh 20,19.21.26) Auch Lukas spricht von der Angst der Jünger, als der Auferstandene in ihre Mitte trat: „Sie erschraken und hatten große Angst, denn sie meinten, einen Geist zu sehen." (Lk 24,37) Doch bei Lukas und Johannes beruhigt Jesus die Angst der Jünger, indem er ihnen den Frieden wünscht. Der Friede ist die österliche Gabe des Auferstandenen. Weil der Tod überwunden ist, ist die innere Zerrissenheit, in die uns die Todesangst hineintreibt, geheilt. Im österlichen Frieden hat die Todesangst keinen Platz mehr.

Für Lukas ist die Botschaft vom Tod und der Auferstehung Jesu die Zusammenfassung der gesamten Heiligen Schrift. In der Auferstehung Jesu wird vollendet, was Gott schon im Alten Testament den Frommen verheißen hat: Er ist ein Gott, der uns aus der Grube befreit, der uns den Schlingen des Todes entreißt, der das Tote lebendig macht. Auferstehung ist die Verheißung, dass es nichts mehr gibt, was nicht verwandelt werden kann. Sogar der Tod kann in Leben verwandelt werden, die Dunkelheit in Licht, das Grab in einen Ort, an dem Engel die frohe Botschaft vom Sieg der Liebe über den Tod verkünden. Diese Botschaft von der Auferstehung Jesu war für die Menschen in Israel, aber auch im römischen Reich, etwas Faszinierendes. Sie hat ihre Todesangst angesprochen und geheilt.

Wir feiern in der Eucharistie immer wieder den Tod und die Auferstehung Jesu, um unsere Todesangst zu überwinden. Jesus hat uns das Vermächtnis der Eucharistie gestiftet, um uns täglich darauf hinzuweisen, unsere Angst vor dem Tod anzuschauen und sie zu verwandeln. Die Eucharistie konfrontiert uns mit der Todesangst. Aber sie ist zugleich die Zusage: Jesus hat den Tod überwunden. Wir erleben ihn unter uns als den, der gestorben und auferstanden und jetzt bei und in uns gegenwärtig ist. Die Eucharistie hebt auch die Trennung zwischen Leben und Tod, zwischen den Lebenden und Verstorbenen, zwischen Himmel und Erde auf. In ihr dürfen wir die Gemeinschaft mit denen erfahren, die vor uns gestorben sind. Wir feiern in ihr, dass der Tod uns nicht von Gott zu trennen vermag und dass er auch die Gemeinschaft mit denen, die wir lieben, nicht zerstören wird. Die Liebe ist stärker als der Tod. In der Eucharistie denken wir nicht über die Überwindung unserer Todesangst nach. Vielmehr feiern wir in einem Ritual den Sieg der Liebe über den Tod. Wir feiern den Tod und die Auferstehung Jesu, damit diese Auferstehung auch unsere täglich aufblitzende Todesangst allmählich wandelt.

Angesichts der Todesangst sollten wir uns immer wieder an Gott erinnern lassen: „Ja, ich werde sterben, ob jetzt oder später, das weiß ich nicht. Mein Leben ist begrenzt. Ich werde im Tod zu Gott kommen. Aber jetzt in diesem Augenblick lebe ich. Und diesen einen Augenblick will ich bewusst leben, vor Gott und in Gott." Auch Todesangst kann so zur Begleiterin werden auf dem Weg zu Gott. Sie kann zur Erinnerung an unser Sein in Gott werden und uns sagen: Sowohl im Leben als auch im Tod bin ich in Gott. Und so macht es keinen großen Unterschied, ob ich lebe oder sterbe. Das wird uns daran erinnern, dass wir Menschen sind und nicht Gott, dass wir sterblich sind und nicht unsterblich. Doch in unserer Sterblichkeit begeben wir uns zu Gott. In ihm wird unsere Sehnsucht nach ewigem Leben erfüllt. Wenn wir Gott begegnen, werden wir nicht aufgelöst, sondern da wird unser innerster Kern, unsere Person, für immer gerettet. Ja, erst in Gott wird das ursprüngliche und unverfälschte Bild, das er in unsere Seele eingeprägt hat, in seinem wahren Glanz aufleuchten. Für immer.

Seine Ängste ins Gebet nehmen

Die drei Synoptiker erzählen uns von der Angst Jesu beim Gebet auf dem Ölberg. Es ist die Angst, von seinen Jüngern allein gelassen zu werden. Es ist das Erschrecken vor dem, was ihn in den Folterqualen erwartet. Jesus überwindet diese Angst im Gebet. Er überspringt sie nicht, sondern hält sie Gott hin. Und indem er sie ihm gegenüber ausspricht, kann sie sich wandeln.

Die frühen Mönche haben diesen Weg Jesu, im Gebet die Angst zu überwinden, als Vorbild für ihren Gebetskampf genommen. Sie raten, in unseren Ängsten und Bedrängnissen bei Gott Zuflucht zu nehmen. Sie vergleichen das Gebet dabei mit einem Baum, auf den wir uns vor den angreifenden Löwen flüchten. Der Baum gibt uns Halt. Gott ist wie ein Schutzraum, in den wir flüchten dürfen, wenn wir Angst haben vor dem, was uns bedroht. Der andere Weg, die Angst im Gebet zu überwinden, besteht darin, in die Angst hinein ein Wort aus der Schrift zu sprechen. Unsere Angst drückt sich ja immer auch in Worten aus, wie: „Ich habe Angst. Ich kann das nicht. Was denken die anderen von mir." In diese Angst hinein sollen wir dann ein Vertrauenswort sprechen wie dieses: „Der Herr ist mit mir; ich fürchte mich nicht. Was können Menschen mir antun!" (Psalm 118) Es geht nicht darum, mit diesem Wort die Angst zu vertreiben. Vielmehr geht es darum, in die Angst hinein dieses Wort zu halten und mich so in Berührung bringen mit dem Vertrauen, welches zwar auf dem Grund meiner Seele bereit liegt, von der Angst jedoch überdeckt wird. Keiner von uns hat nur Angst oder nur Vertrauen. Immer finden wir beide Pole in uns. Aber manchmal sind wir so sehr auf unsere Angst fixiert, dass wir das Vertrauen, das auch in uns ist, übersehen. Das Wort der Bibel ist für die frühen Mönche ein Heilungswort. Es bringt uns in Berührung mit dem Heilen und Ganzen, das schon in uns ist, durch die negativen Worte aber entmachtet wurde.

Ein anderer Weg, im Gebet mit der Angst umzugehen, besteht darin, mit Gott über die Angst zu sprechen. Was will Gott mir durch meine Angst sagen? Worauf will mich die Angst hinweisen? Gott spricht auch durch die Angst zu mir. Vielleicht weist er mich darauf hin, dass ich mein Maß überschritten habe. Vielleicht sagt mir die Angst, dass ich falsche Grundannahmen für mein Leben in mir habe. Wenn ich z. B. Angst habe, mich vor anderen zu blamieren, so hat das seinen Grund in der Annahme: „Wenn ich einen Fehler mache, bin ich nichts wert, dann halten mich die anderen für verrückt." Solche Annahmen hindern mich am Leben. Sie sind wie innere Gesetze, die uns nicht leben lassen. Stattdessen kann ich sagen: „Ich darf Fehler machen. Ich bin immer von Gott angenommen und geliebt. Was die Menschen über mich denken, ist nicht so wichtig." Durch die Angst lädt mich Gott ein, gesündere Lebensgesetze für mich zu suchen. Vielleicht will Gott mir durch meine Angst auch sagen, dass ich ein infantiles Gottesbild habe. Wenn ich meine, Gott sei der Garant gegen alle Angst und durch ihn könne mir nie etwas Negatives widerfahren, durch ihn sei ich auf immer frei von Angst und Depression, dann lebe ich eine Illusion. Denn ich projiziere dadurch meine infantilen Bedürfnisse auf Gott. Doch Gott ist auch der, der mich in die Dunkelheit und in die Angst führt, damit ich mich ihm ganz und gar ergebe.

Am Ölberg erscheint Jesus in seiner Angst ein Engel. Der nimmt ihm nicht einfach die Angst, sondern stärkt ihn, damit er seinen Weg mit größerem Vertrauen zu gehen vermag. Das ist für mich ein schönes Bild für einen spirituellen Umgang mit der Angst: Ich bete mit meiner Angst zu Gott. Und ich nehme die Angst selbst wie einen Engel, der zu mir kommt, um mich auf Gott hinzuweisen und mich an Gott zu erinnern, der allein letztlich meine Angst zu beruhigen vermag. Wie kann das konkret aussehen? Eine Frau hat Angst, ihr Leben nicht zu schaffen. Sie hat immer wieder mit Depressionen zu tun und fürchtet, deswegen ihren Beruf nicht mehr ausüben und dann auch ihren Lebensunterhalt nicht mehr bestreiten zu können. Wenn sie diese Angst als Engel sähe, der sie begleitet auf ihrem Weg zu Gott, dann hieße das: Ich lasse die Angst zu. Ja, es könnte sein, dass ich mein Leben nicht mehr bewältigen kann. Aber was würde das bedeuten? Es bedeutet: Ich werde auch im Scheitern in Gottes Hand sein. Die Angst verweist mich auf eine ganz neue Möglichkeit: Gerade dort, wo ich nichts in der Hand habe, erahne ich, was es heißt, aus Gottes Gnade zu leben. Ich muss in meinem Leben gar nicht perfekt sein. Ich tue das, was in meiner Kraft liegt. Aber ich bin auch mit meiner Schwäche in Gottes Hand. Gott wird mich nicht fallen lassen.

Lass los

Manchmal erlebe ich Menschen, die sich an sich selbst festhalten. Sie meinen, alles loslassen zu können. Aber sie sind innerlich gefangen. Oft braucht es lange, bis sie wirklich loslassen können. Loslassen ist eine befreiende Kunst. Denn das Festhalten bindet und blockiert uns. „Ich muss loslassen, woran ich mich geklammert hatte. Solange ich diese Tatsache als Verlust für mich auffasste, war ich unglücklich. Aber sobald ich sie unter dem Aspekt betrachtete, dass Leben im Loslassen und im Tod befreit wird, kam ein tiefer Friede über meinen Geist." Rabindranath Tagore, der diese Einsicht formuliert hat, weiß: Wenn wir uns zu sehr an etwas klammern, werden wir handlungsunfähig. Wenn wir zu gierig etwas haben wollen, sind wir gefangen. Uns sind die Hände gebunden. Loslassen hingegen ist ein Akt der inneren Befreiung.

Loslassen kann schwierig sein, und Gelassenheit ist eine Kunst, die keinem in den Schoß fällt. Eine Kunst muss man erlernen. Das ist oft nicht ganz einfach. Es klingt eigenartig, dass man für die Gelassenheit etwas tun sollte. Es ist doch kein Tun, sondern ein Lassen. Aber gerade das Lassen im Tun zu üben, ist die eigentliche Kunst. Ich wünsche gerade den Menschen, die viel zu tun haben, diese Kunst. Sie besteht darin, etwas einfach geschehen zu lassen. Was wir verbissen tun, wird keinen Segen bringen. Was in Gelassenheit geschieht, das lässt der, für den es geschieht, auch lieber in sich ein. Er wird sich dann daran nicht verbeißen, sondern das Gelassene auf seiner Zunge zergehen lassen. Und sich daran erfreuen.

Die Falle

Wir machen uns Sorgen um uns selbst: um unsere Gesundheit, unser Ansehen bei anderen Menschen, unsere Zukunft in schwierigen Zeiten. Und wir machen uns Sorgen auch um die Menschen um uns herum. Es ist verständlich, dass sich Eltern um ihre Kinder sorgen, wenn sie nicht die Wege gehen, die sie sich vorgestellt haben. Aber es gibt auch Menschen, die überall, wo sie sind, sich sofort um die anderen sorgen. Manchmal schaut das nach Nächstenliebe aus. Doch es kann auch eine Falle sein. Teresa von Avila wusste um diese Falle. Von ihr stammt dieses ungewöhnliche Gebet: „Erlöse mich von der großen Leidenschaft, die Angelegenheiten anderer ordnen zu wollen." Teresa hatte offensichtlich die Tendenz, das Leben anderer in Ordnung zu bringen. Jesus verweist sie auf sich selbst. Sie soll vertrauen, dass Gott auch für die anderen sorgt. Sie muss nicht alles selber erledigen. Vor allem weiß sie gar nicht, ob die anderen das überhaupt wollen oder ob sie über ihre Köpfe hinweg für sie Verantwortung übernimmt. Jeder muss für sich selber sorgen. Wir können Menschen begleiten. Aber ihr Leben müssen sie schon selbst in Ordnung bringen. Teresas Haltung ermuntert uns bei aller Anteilnahme am Schicksal anderer zur Gelassenheit. Auch in dieser Hinsicht können Heilige Vorbild für unseren Alltag heute sein.

Sei ohne Sorge

Ingeborg Bachmann fragt in einem Gedicht („Reklame", 1956):

„wohin aber gehen wir
ohne sorge sei ohne sorge
wenn es dunkel und wenn es kalt wird
sei ohne sorge
aber
mit musik
was sollen wir tun"

Sie zitiert in diesen Versen mehrere Male das Wort Jesu „Sei ohne Sorge" Aber sie hält dieses Wort Jesu in die Dunkelheit und Kälte unseres Lebens. Trägt das Wort Jesu, wenn alles in uns dunkel wird und wenn die Kälte nach unserem Herzen greift? Ingeborg Bachmann verweist auf die Musik. Sie ist für sie der Ort, an dem wir mitten in der Dunkelheit und Kälte unseres Lebens etwas von der Sorglosigkeit erahnen, von der Jesus spricht. Mozart hat in seiner Musik diese Sorglosigkeit zum Ausdruck gebracht. Aber er hat uns keine heile Welt vorgegaukelt. Er lässt die Sorglosigkeit mitten in den Ängsten und Abgründen der menschlichen Seele erklingen. Diese Sorglosigkeit ist der Ort, an den wir in der finsteren Kälte gehen können, an dem uns Heimat und Geborgenheit, Wärme und Licht entgegenströmen.

5

LIEBE IST EIN FESTER GRUND

Liebe ist Heimat

„Daheim“ sein kann man nur, wo das Geheimnis wohnt. Das deutsche Wort Heimat hängt ja mit Heim und Geheimnis zusammen. Das deutsche Wort „Heim“ kommt ursprünglich von „liegen“ und meint den Ort, an dem man sich niederlässt, an dem man sich hinlegt, um auszuruhen, an dem man gerne ist und sich geschützt weiß. Geheimnis ist das, was zum Heim gehört. Aber Geheimnis hat in der Theologie eine andere und tiefere Bedeutung bekommen. Geheimnis verweist letztlich auf Gott. Gott ist das absolute Geheimnis. Geheimnis ist das, was unser normales Denken übersteigt, was wir letztlich nicht erfassen können. Und die Gegenwart des Geheimnisses, die Gegenwart einer Wirklichkeit, die unsere übersteigt, letztlich die Gegenwart Gottes ist die Voraussetzung, dass Heimat entstehen kann.

Daheim bin ich dort, wo ich geliebt werde, wo ich keine Rolle spielen muss, wo ich sein darf, wie ich bin, weil ich mich bedingungslos geliebt weiß. Auch diese Erfahrung hat mit einer Liebe zu tun, die größer ist als die persönliche Sympathie. Ich muss mir diese Liebe nicht erarbeiten. Sie wird mir geschenkt. Sie ist einfach da. Ich bin von dieser Liebe getragen. Die Gewissheit, dass ich frei bin von dem Druck, mich beweisen oder rechtfertigen zu müssen, gibt mir Selbstvertrauen. Ich darf einfach sein, wie ich bin. Ich muss mich nicht ständig unter Druck setzen, bei den anderen gut abzuschneiden. Jeder Mensch braucht diese Erfahrung des bedingungslos Geliebtseins, um Vertrauen in das Leben und um Vertrauen zu sich selbst zu entfalten.

Lieben heißt Vertrauen

Vertrauen ist Beziehung. Es braucht vertrauensvolle Beziehungen, es braucht Erfahrungen von Geborgensein und Getragensein, um mit unserer Angst besser zurecht zu kommen. Letztlich geht es um die Erfahrung der Liebe, die es mir ermöglicht, auf die Bedrohungen von außen nicht mit Angst zu reagieren, sondern mit Vertrauen. Erst das Vertrauen begründet die Hoffnung, dass ich die Herausforderungen des Lebens bestehen werde. Der Philosoph Ulrich Hommes nennt die Liebe das eigentliche Bollwerk gegen die Angst: „Was hilft gegen die Angst, wenn nichts anderes mehr hilft, ist Liebe. Liebe, die mir entgegengebracht wird, und Liebe, die ich selbst gebe. Angst kann man ja auch beschreiben als Antwort auf das Gefühl, dass irgend etwas oder irgend jemand es nicht gut mit mir meint."

Dies ist auch die Perspektive der Bibel. Schon der 1. Johannesbrief hat diese Erfahrung der Angstüberwindung durch die Liebe in die Worte gefasst: „Furcht gibt es in der Liebe nicht, sondern die vollkommene Liebe vertreibt die Furcht. Denn die Furcht rechnet mit Strafe, und wer sich fürchtet, dessen Liebe ist nicht vollendet." (1 Joh 4,18) Johannes spricht hier weder von der Liebe zu Gott noch von der Liebe zum Nächsten, vielmehr von der Liebe, die von Gott stammt, aber im Menschen eine eigene Kraft ist, die sein Leben verwandeln kann. Die Liebe ist wie ein Feuer, das uns wärmt, und wie eine Quelle, die uns durchströmt. Wer diese Liebe in sich spürt, der ist frei von Angst. Die Liebe ist ein Wohlwollen allem gegenüber, sie ist Bejahung dessen, was ist. Und in der

Liebe weiß ich mich ganz und gar von Gott angenommen. Wenn die Liebe in mir strömt, dann gibt es in mir nichts, was ich selbst nicht akzeptieren könnte. Denn die Liebe berührt alles in mir. Die eigentliche Überwindung der Angst besteht für Johannes daher in der Erfahrung der Liebe. Der Weg, diese Liebe in sich zu erfahren, ist im Johannesevangelium die Meditation Jesu Christi. In ihm ist Gottes Liebe sichtbar erschienen. Sie ist am Kreuz vollendet worden. Dort hat sie alles Gegensätzliche im Menschen durchdrungen. Die vollkommene Liebe, die am Kreuz aufgeleuchtet ist, vertreibt alle Furcht. Es gibt nichts mehr, wovor wir uns fürchten müssten. Denn alle Gegensätze in uns sind von der Liebe erfüllt. Der Blick auf die am Kreuz sichtbar gewordene Liebe, die alles miteinander versöhnt, kann auch die Angst vor den abgespaltenen Teilen in uns auflösen und das Auseinanderfallen des Selbst verhindern. Es gibt keine Abgründe mehr in uns, in denen nicht die Liebe wohnt.

Weil Gott uns im Kreuz Jesu Christi seine bedingungslose Liebe gezeigt hat, hat er uns befreit von der Angst, wir könnten Gott nicht genügen. Wir müssen uns nicht selbst gerecht machen. Wir müssen Gott und uns selbst nicht beweisen, dass wir richtig sind. Gott selbst hat uns in Jesus Christus gerecht gemacht. Für Martin Luther ist der Blick auf die am Kreuz offenbarte bedingungslose und vollkommene Liebe Jesu die Befreiung von der Angst, wir könnten gerichtet und verurteilt werden. Luther hat damit die Erfahrung des hl. Paulus aufgegriffen, der in seiner pharisäischen Zeit seinen Wert vor Gott durch Erfüllung des Gesetzes beweisen wollte und dann in Christus erfahren hat: Nichts kann „uns scheiden von der Liebe Gottes, die in Christus Jesus ist, unserem Herrn" (Röm 8,39).

Die Liebe, die die Furcht vertreibt, bezieht sich sowohl auf die Liebe als eigene Kraft, die mich durchdringt, als auch auf die Liebe, die ich von Gott und vom Menschen her erfahre, und auf die Liebe, die ich Gott und den Menschen gegenüber empfinde. Wer sich von Gott und den Menschen bedingungslos geliebt weiß, der hat keine Angst mehr vor Ablehnung, vor Verlassenwerden, vor Scheitern. Ja selbst der Tod macht ihm keine Angst mehr, wenn er weiß, dass der Tod ihn nicht dieser Liebe berauben kann. Die Liebe ist stärker als der Tod. Und wer einen Menschen zutiefst liebt, der spürt in diesem Augenblick keine Angst. Natürlich wird die Angst dennoch immer wieder an sein Herz pochen. Er hat Angst, den, den er liebt, zu verlieren. Er hat Angst vor Krankheit und Tod. Aber im Gefühl der Liebe selbst gibt es keine Angst. Die Angst taucht in uns auf, sobald wir über die Liebe reflektieren. Doch im Nachdenken über meine Liebe bin ich nicht mehr in der Liebe. Kein Mensch kann immer in der Liebe bleiben. Daher werden wir immer wieder auch von Ängsten heimgesucht. Sobald wir aber ganz in der Liebe sind und uns selbst darin vergessen, ist in unserem Herzen auch kein Raum mehr für die Angst. Mir erzählte ein Priester, der von vielen Ängsten heimgesucht wurde, er habe für einen kurzen Augenblick die Erfahrung absoluter Angstfreiheit gemacht. Das war für ihn eine Gotteserfahrung. Wenn ich Gott und Gottes Liebe erfahre, dann ist in diesem kurzen Augenblick die Angst aufgelöst. Dann erst verstehe ich, was Johannes meint mit dem Wort: „Furcht gibt es in der Liebe nicht." (1 Joh 4,18).

Gipfel der Liebe

Gipfel der Liebe ist die mystische Erfahrung des Einswerdens zwischen Gott und Mensch. In der Zuwendung zu Gott und in der Zuwendung Gottes zu ihm erfährt der Mensch eine Liebe, die ihn verwandelt und beglückt. Das Ziel dieser Liebe, in der der Mensch die Einigung mit Gott erfährt, ist die Erhöhung des Menschen zu Gott, seine Vergöttlichung. Die Angst, die die Distanz Gottes zum Menschen betont, führt so letztlich zur mystischen Erfahrung und zur Heilung des Menschen. Seine Trennungsangst wird überwunden, ohne dass sie bagatellisiert wird.

Der hl. Benedikt mahnt seine Mönche: „Gott sollen sie in Liebe fürchten." (RB 72,9) Im Kapitel über die Demut hatte Benedikt von der Gottesliebe gesprochen, „die vollkommen ist und die Furcht vertreibt." (RB 7,67) Benedikt sieht 12 Stufen der Demut. Wer diese Stufen ersteigt, der lässt die Furcht hinter sicher und gelangt zur reinen Liebe. Beide Pole gehören zusammen, damit die Liebe immer tiefer wird. Die Aufforderung Benedikts scheint in Gegensatz zu stehen zu der Aussage des Johannes: „Furcht gibt es nicht in der Liebe." Doch beide Aussagen stimmen. Auf der einen Seite überwindet die Liebe alle Furcht. Auf der anderen Seite vertieft die Furcht die Liebe. Sie gibt der Liebe ihre wahre Kraft. Wir können die Spannung zwischen Furcht und Liebe nie ganz auflösen. Die Spannung gibt der Liebe ihre wahre Kraft. Aber es ist dann eine Liebe, die nicht von Angst bestimmt ist, sondern eine Liebe, die die Furcht als inneres Moment in sich trägt und sie gerade so überwindet.

Wenn wir die Furcht des Herrn so verstehen, dann ist sie wirklich der Anfang der Weisheit. Sie führt zu einem Glauben, der uns ein Gespür für den ganz anderen Gott gibt, aber zugleich die Sehnsucht nach der unendlichen Liebe Gottes in uns weckt. Diese Art von Gottesfurcht befreit uns von Menschenfurcht. Wenn wir Gott fürchten, verliert sich die Angst vor den Menschen und ihrem Urteil. So hat es schon der alttestamentliche Schriftsteller Jesus Sirach gesehen: „Wer den Herrn fürchtet, verzagt nicht und hat keine Angst, denn der Herr ist seine Hoffnung." (Sir 34, 16) Genauso wie die Furcht zum religiösen Leben gehört, so gehört sie auch zur Psychologie des Menschen. Sie hat eine positive Funktion für die psychische Gesundheit des Menschen. Psychologen haben in letzter Zeit immer wieder betont: Die Angst gehört zum Menschen. Es geht nie darum, die Angst völlig zu überwinden. Denn damit würde dem Menschen ein wichtiges Instrument fehlen, um auf Gefahren reagieren zu können. Wenn die Angst das rechte Maß nicht überschreitet, dann steigert sie unsere Lebendigkeit. Das weiß jeder, der Angst hat um seinen Geliebten, der vor einer schwierigen Reise steht. Wenn er gesund wieder nach Hause kommt, ist das Glück des Wiedersehens umso größer. Die Angst ist gleichsam die Folie, auf der wir die Rückkehr und Nähe des anderen beglückender und intensiver erfahren.

Ganz im Augenblick

Therese von Lisieux, die kleine Therese, gehört zu den großen Weisen unter den Heiligen. Sie ist schon als junge Karmelitin gestorben. Sie hatte damals in einem Klima enger und Angst machender Spiritualität den Mut gefunden, für sich den kleinen Weg der alltäglichen Liebe zu entdecken. Sie warf das ganze komplizierte spirituelle System, das man ihr vorsetzte, über den Haufen und traute der Liebe. Trotz ihrer Jugend hatte sie ein tiefes Gespür für das Geheimnis des Menschen. Diese große Kennerin der Seele schreibt: „Wenn uns Verzweiflung überkommt, liegt das gewöhnlich daran, dass wir zuviel an die Vergangenheit und an die Zukunft denken." Wir sind verzweifelt, weil wir in der Vergangenheit nicht so perfekt waren, wie wir das sein wollten. Wir können die Vergangenheit nicht loslassen. Und wir schauen ängstlich in die Zukunft, was sie wohl bringen möge. Der einzige Weg, von der Verzweiflung frei zu werden, ist: ganz im Augenblick zu sein. Jetzt in diesem Augenblick lebe ich vor Gott. Und jetzt bin ich von seiner Liebe umfangen. Das genügt. Was war und was kommen mag, kümmert mich nicht und bereitet mir keinen Kummer.

In Seiner liebenden Nähe

Als die junge Philosophin Edith Stein Teresa von Avilas „Buch von den Klostergründungen“ las, wusste sie: „Das ist die Wahrheit.“ Berühmt ist der Satz, den Teresa auf einen Zettel schrieb, den sie immer bei sich trug: „Nichts verwirre dich, nichts erschrecke dich, alles geht vorüber, Gott ändert sich nicht. Die Geduld erreicht alles. Wer Gott besitzt, dem mangelt nichts; Gott allein genügt.“ „Dios solo basta“: Oft hat man diesen Satz so gedeutet, als ob der Mensch nur Gott brauche und sonst nichts. Doch Teresa versteht den Satz nicht asketisch. Sie zeigt in ihrem Leben, dass sie nicht nur Gott brauchte, sondern auch Menschen. Man hat sie mit Recht die „Heilige der Freundschaft“ genannt. Das spanische „Solo Dios basta“ übersetzt man besser: „Nur Gott genügt.“ Teresa meint damit: Der Mensch hat in sich eine so große Sehnsucht, dass nur Gott diese Sehnsucht wirklich zu erfüllen vermag. Nur Gott ist in sich groß genug, um die Weite des menschlichen Herzens zu erfüllen. Das menschliche Herz braucht auch die Freundschaft. Aber kein Mensch kann das menschliche Herz ganz ausfüllen. Das vermag nur Gott.

Die Spiritualität Teresas war von einer großen Liebe, aber auch von Freiheit und Humor geprägt. Teresa konnte tanzen und feiern. Sie hatte Charme und setzte ihn bewusst ein, wenn sie von Bischöfen etwas erreichen wollte. Sie beklagt sich, wenn Beichtväter die Frauen schlecht behandeln. Und sie genießt die Freundschaft kluger Männer. Teresas Schriften sind voller Lebendigkeit und Klarheit. Sie atmen Freude und Zärtlichkeit, Klugheit und Menschenfreundlichkeit. Da ist keine enge Gesetzlichkeit. Teresa hat erfahren, wovon sie spricht. Sie hat die Fähigkeit, über schwierige spirituelle Themen in einer einfachen Sprache zu schreiben. Zugleich ist ihre Sprache voller Humor und Frische. Teresa zeigt einen Weg und hat zugleich Verständnis für unsere Trägheit und Menschlichkeit. Sie schreibt von Gott als eine, die ihn erfahren hat. Sie lädt uns ein, dem eigenen Gefühl zu trauen und Gott als den wahren Freund zu sehen, der unsere tiefste Sehnsucht erfüllt. Teresa hat das Gebet verstanden als Gespräch mit einem Freund. Gott war ihr nahe. Jesus war ihr vertraut. Und dennoch hat sie ein Gespür für die Andersartigkeit Gottes. Sie vereinnahmt Gott nicht für sich. Aber sie weiß sich immer und überall umgeben von Gottes heilender und liebender Nähe. In Gottes Nähe fühlt sie sich lebendig und frei. Da traut sie ihren eigenen Gefühlen.

Gotteserfahrung ist also eine einladende Erfahrung von heilender und liebender Nähe. Wenn du Gott als die eigentliche Wirklichkeit wahrnimmst, wenn Gott dir aufgeht in deinem Herzen, dann kannst auch du sagen: „Nur Gott genügt." Nur Gott erfüllt deine tiefste Sehnsucht. Wenn du Gott hast, hast du alles, was du brauchst, um wahrhaft leben zu können.

Amen des Universums

Manchmal spüren wir in uns eine Liebe, die zu allem strömt, was ist. In ihr fühlen wir uns mit allem eins. Novalis hat diese Erfahrung im Blick, wenn er sagt: „Die Liebe ist das Amen des Universums." Die Liebe erfüllt das ganze Universum. Sie strömt uns aus einer schönen Blume entgegen. Sie begegnet uns in der Schönheit der Berge. Johannes vom Kreuz nennt die Berge „mein Geliebter". Sie waren für ihn verdichtete Liebe. Amen heißt Bejahung. In der Liebe bejaht sich das Universum selbst. Und in der Liebe sagt das Universum Ja zu uns Menschen. Wer sich der mütterlichen Erde überlässt, indem er sich auf eine blühende Frühlingswiese legt, der fühlt dieses Amen des Universums. Er fühlt sich von Liebe durchdrungen und umgeben. Die Sonne erfüllt ihn mit Liebe, der Wind streichelt liebevoll seine Wangen. Und alles Tönen der Natur macht die Liebe für ihn hörbar.

Kein Maß hat die Liebe

Wenn wir anderen etwas geben, sollen wir jedoch unser Maß nicht zu klein berechnen. So fordert uns Jesus im Lukasevangelium auf: „Gebt, dann wird auch euch gegeben werden. In reichem, vollem, gehäuftem, überfließenden Maß wird man euch beschenken; denn nach dem Maß, mit dem ihr messt und zuteilt, wird auch euch zugeteilt werden." (Lk 6, 38)

Ulrike Nisch, eine ganz einfache Frau, die Ende des letzten Jahrhunderts selig gesprochen wurde, hatte in ihrem Leben den Grundsatz: „Kein Maß hat die Liebe." Wenn unsere Liebe aus der Quelle der göttlichen Liebe strömt, dann kennt sie kein Maß. Denn die göttliche Quelle ist ohne Maß. Eine solche Liebe überfordert uns nicht. Und wir werden selbst – so zeigt es uns Jesus – auch mit einem reichen, überfließenden Maß beschenkt werden.

Wie man lieben soll

Ähnlich wie die frühen Mönche schätzen die Chassidim, die frommen Juden, das Mitleid als eine der wichtigsten Tugenden des Menschen. Martin Buber hat uns wunderbare Geschichten aus dem Chassidismus überliefert. In einer dieser Erzählungen sagt Rabbi Mordechai: „Mein Sohn. Wer nicht fünfzig Meilen in der Runde die Schmerzen jeder Gebärenden verspürt, dass er mit ihr leide und für sie bete und ihr Linderung erwirke, verdient nicht, ein Zaddik genannt zu werden." Und in einer anderen Geschichte erzählt Rabbi Mosche Löb: „Wie man die Menschen lieben soll, habe ich von einem Bauern gelernt. Der saß mit anderen Bauern in einer Schenke und trank. Lange schwieg er wie die anderen alle. Als aber sein Herz von Wein bewegt war, sprach er seinen Nachbarn an: ‚Sag du, liebst du mich oder liebst du mich nicht?' Jener antwortete: ‚Ich liebe dich sehr.' Er aber sprach wieder: ‚Du sagst: ich liebe dich, und weißt doch nicht, was mir fehlt. Liebtest du mich in Wahrheit, du würdest es wissen.' Der andre vermochte kein Wort zu erwidern, und auch der Bauer, der gefragt wurde, schwieg wieder wie vorher. Ich aber verstand: Das ist die Liebe zu den Menschen, ihr Bedürfen zu spüren und ihr Leid zu tragen." Echte Liebe hat die Fähigkeiten, mit dem anderen zu fühlen, genau zu spüren, was ihm fehlt, und es gemeinsam mit ihm zu tragen. Diese Erfahrung kommt auch in einem Wort des indischen Weisen Tagore zum Ausdruck: „Derjenige, der Gutes tun will, klopft am Tor; derjenige, der liebt, findet das Tor offen."

Stärker als Schuld ist die Liebe

Martin Luther hat den Glauben (fides) vor allem als Vertrauen (fiducia) verstanden. Glauben heißt für ihn nicht, an die Dogmen zu glauben, sondern Vertrauen in Gott zu haben, der mich annimmt, der mir in Jesus Christus seine Liebe erwiesen hat, der mir alle Schuld vergibt und mir Zuversicht schenkt, dass mein Leben gelingt. Luther hat hier etwas Wesentliches gesehen. Die Grundlage des Vertrauens ist der Glaube. Ich glaube Gott, ich traue Gott, ich vertraue darauf, dass er mir in Jesus Christus Zuversicht geschenkt hat, dass seine Liebe stärker ist als alle meine Schuld. Dieses Vertrauen nennt Luther ein fröhliches Vertrauen, ein Vertrauen, das uns Fröhlichkeit schenken und uns von aller Angst befreien soll. Martin Luther war von der Frage getrieben: „Wie bekomme ich einen gnädigen Gott?" Offensichtlich hatte er oft genug daran gezweifelt, ob er von Gott angenommen wird. Diese Zweifel wurden genährt durch die Selbstzweifel, die der junge Mann Luther in sich trug. Man kann diese Selbstzweifel psychologisch erklären. Für Luther lag darin die Frage nach dem rechten Glauben. Der Glaube an den strengen Gott, an den Richter-Gott, führt zu solchen Selbstzweifeln und Selbstbeschuldigungen. Wie werde ich frei von diesem Zwang, mich selber zu verurteilen und zu beschuldigen? Das war die grundlegende Frage, die Luther umgetrieben hat. Und die Antwort hat er in Jesus Christus gesehen, der am Kreuz all diese Selbstzweifel durchgestrichen hat und uns vom Kreuz herab zuruft: „Du bist bedingungslos geliebt. Du brauchst gar nicht darauf zu achten, ob du richtig bist, ob du alles richtig machst.

Die Liebe Gottes, die im Kreuz sichtbar wird, ist stärker als alle Selbstverurteilung."

Die Selbstzweifel lähmen. Sie rauben uns alle Lebenskraft. Das Vertrauen in den gnädigen Gott weckt neue Kräfte in uns. Wir können uns dem Leben stellen. Wir können getrost unseren Weg gehen. Wir sind frei von dem Zwang, uns selbst immer beobachten zu müssen, ob wir gut genug sind. Wir werden frei, uns dem Leben zuzuwenden. Das bringt uns mit der Kraft in Berührung, die in uns ist. Selbstzweifel schneiden uns ab von dieser Kraft.

Wie von einem Mantel umfangen

„Glauben heißt: nicht wissen“, sagen Kritiker gerne. Das wäre ein Lückenbüßer-Verständnis des Glaubens, der dann jeweils abgelöst würde durch sichere Erkenntnis. Gott ist aber mehr als eine bloße Arbeitshypothese. Wenn der Glaube nur für das zuständig wäre, was wir noch nicht wissen, dann stünde er auf einem brüchigen Fundament. Denn dann müsste er ständig Rückzugsgefechte liefern, sobald das Wissen neue Bereiche erobert hat. Der Glaube ist kein beliebiges „Meinen“ und er steht nicht gegen das Wissen. Er beschränkt sich nicht auf das, was wir noch nicht wissen. Vielmehr umgreift der Glaube unser ganzes Wissenssystem. Er ist mehr als Wissen. Er ist die Deutung von allem, was ist. Glaube ist wie ein Mantel, der das Wissen einhüllt. Er ist das Vertrauen, dass wir mit all unserem Wissen und Unwissen in der guten Hand Gottes sind und dass unser Leben von Gottes Liebe umfangen ist.

Der Glaube drückt etwas Hintergründiges aus: nämlich, dass hinter all dem, was die Naturwissenschaft beobachtet und erforscht, Gott steht. Wir können ihn nicht mit den Mitteln der Naturwissenschaften beweisen. Aber wir können ihn bejahen. Gott ist nicht ein Lückenbüßer für das noch nicht Erforschte. Mitten in allem, was wir wissen und noch wissen werden, wissen wir uns im Glauben von Gott getragen und in all unserem Reden und Tun auf Gott bezogen.

6

GOTT LÄSST KEINEN FALLEN

In der Sehnsucht liegt schon alles

In geistlichen Gesprächen höre ich oft, dass Menschen Gott nicht vertrauen können. Sie haben soviel gebetet, aber Gott hat nicht geholfen. Manchmal sind es Enttäuschungen, die sie erfahren haben, die sie daran hindern, auf Gott zu vertrauen. Oft aber ist es das Gottesbild, das ihnen das Vertrauen unmöglich macht. Das Gottesbild hängt ab von der Erfahrung von Vater und Mutter. Wenn mir die Mutter wenig Urvertrauen vermittelt hat, tue ich mir schwer, mich in Gott geborgen zu wissen. Und wenn der Vater als Alkoholiker unzuverlässig war, wenn er betrunken unberechenbar war und willkürlich gehandelt hat, dann überträgt sich diese Erfahrung leicht auf Gott. Auch wenn ich bewusst an den barmherzigen Gott glaube, ist dann tief in meinem Innern die Angst, dass diesem Gott nicht zu trauen ist, dass er mir einen Strich durch die Rechnung macht. Ich habe einen Priester begleitet, der immer vom barmherzigen Gott gepredigt hat. Aber auf dem Hintergrund der Erfahrung mit seinem alkoholkranken Vater hatte er immer doch ein Grundmisstrauen Gott gegenüber. Gott könnte ihm eines auswischen. Man wisse nie, was Gott alles vorhat.

Manche, die in ihrer Kindheit wenig Vertrauen erfahren haben, beklagen sich, dass deshalb auch ihre Gottesbeziehung gestört ist. Aber es ist nicht notwendigerweise so, dass diese Menschen ihr Leben lang benachteiligt sind. Es gibt auch die Gotteserfahrung, die mein mangelndes Vertrauen heilt. Manche erfahren das in einem Gottesdienst, wenn ein Wort oder ein Lied sie anspricht. Andere spüren es in der Natur. Auf einmal fühlen sie sich getragen und bedingungslos geliebt. In diesem Moment wird die Wunde des mangelnden Vertrauens geheilt. In diesem Augenblick spüren sie, dass sie vertrauen können. Allerdings wird diese spirituelle Erfahrung noch nicht das ganze Leben durchdringen. Zwischendrin wird immer wieder das alte Misstrauen aufbrechen. Dann hilft es nur, sich an die Gotteserfahrung und an die Erfahrung von absolutem Vertrauen zu erinnern und der Sehnsucht nach diesem Vertrauen, die man im Herzen spürt, zu trauen. In der Sehnsucht nach Vertrauen ist schon Vertrauen. Ich kann dieser Sehnsucht in mir auf den Grund gehen. Dann werde ich auf dem Grund meiner Seele das Vertrauen entdecken, das in mir ist, ganz gleich ob ich von den Eltern genügend Vertrauen erfahren habe oder nicht. Es gibt ein Urvertrauen, das von Gott stammt und nicht von den Menschen. Es ist wie ein archetypisches Bild, das in mir ruht. Wenn ich mit diesem archetypischen Bild von Vertrauen und Sich-Fallen-Lassen in Berührung komme, dann wächst in mir das Vertrauen. Dann höre ich auf, zu jammern, ich hätte zu wenig Vertrauen in der Kindheit erfahren. Ich traue der Kraft des Vertrauens, die mir Gott selbst ins Herz gelegt hat.

Unverzagt ist unser Herz

„Ich möchte Gott vertrauen. Aber es gelingt mir einfach nicht. Zu stark ist das Misstrauen in mir, dass das Beten ja doch nicht hilft, dass Gott mich gar nicht hört oder dass er nicht zufrieden ist mit mir." Immer wieder höre ich diese Klage. Ich kann dem, der mir von seinem Misstrauen Gott gegenüber erzählt, nicht einfach Vertrauen einimpfen. Ich muss seine Worte erst einmal stehen lassen. Wenn ich dagegen spreche, wird der andere immer neue Gründe für sein Misstrauen finden. Ich kann nur fragen, warum er Gott nicht vertrauen kann. Ist er enttäuscht worden von Gott? Oder gibt es in ihm negative Gottesbilder? Oder ich versuche, konkret zu erfahren, in welchen Situationen er sich schwer tut, Gott zu vertrauen. Und ich frage nach seiner Sehnsucht. Wie stellt er sich denn das Vertrauen auf Gott vor? Wie und wo möchte er vertrauen? Im Gespräch können wir Anhaltspunkte finden, um Spuren des Vertrauens auf Gott in ihm zu entdecken. Zumindest ist in ihm eine Ahnung, wie das Vertrauen zu Gott aussehen könnte.

Und dann können wir im Gespräch uns darüber unterhalten, dass das Vertrauen auf Gott immer auch von Misstrauen begleitet ist. Das Misstrauen und der Zweifel sind der Stachel, der uns anstachelt, unser Vertrauen auf Gott tiefer zu gründen, es nicht in einem oberflächlichen Glauben zu belassen. Was heißt es wirklich: auf Gott zu vertrauen? Es ist nicht so einfach. Und es darf auch manchmal schwer sein. Vertrauen heißt, gegen alles Misstrauen immer wieder auf die Karte Gottes setzen, sich für Gott zu entscheiden. Pascal spricht von der Wette, die er auf Gott setzt. Manchmal bleibt uns nichts anderes übrig, als diese Wette abzuschließen, dass ich auf Gott mein Vertrauen setze. Eine Hilfe kann sein, die Psalmen zu beten. Sie bringen dieses Hin- und Hergerissenwerden zwischen Misstrauen und Vertrauen immer wieder zum Ausdruck. Da denkt der Beter an die Feinde, die ihn bekämpfen, die darauf sinnen, ihm das Leben zu rauben. Aber mitten in dieser Anfechtung und Angst betet er: „Ich aber, Herr, ich vertraue dir, ich sage: Du bist mein Gott." (Ps 31,15) Er betet sich gleichsam in das Vertrauen hinein. Er weiß auch um die Angst: „Ich aber dachte in meiner Angst: Ich bin aus deiner Nähe verstoßen." (Ps 31,23) Doch er spricht sich selbst und den Freunden Mut zu: „Euer Herz sei stark und unverzagt, ihr alle, die ihr wartet auf den Herrn." (Ps 31,25)

Von guten Mächten wunderbar geborgen

Glaube hat verschiedene Aspekte. Einmal sind wir in ein Glaubenssystem hineingewachsen, das nicht nur durch die Dogmatik der Kirche geprägt ist, sondern durch den gelebten Glauben unserer Vorfahren. In dieser Glaubenstradition haben wir eine gewisse Sicherheit mitbekommen. Diese Tradition ist schon eine gebündelte Form der Antworten auf Fragen, die Menschen immer gestellt haben. Sie zeigt uns, wie wir auf die Herausforderungen des Lebens reagieren können, auf Krankheit und Leid, auf Enttäuschung und Scheitern, auf Konflikte und Unsicherheit, auf die Erwartungen von außen und von innen. Dieser Glaube prägt unser Denken und Fühlen von innen her.

Ein anderer Aspekt liegt darin: Der Glaube deutet unsere Wirklichkeit. Glaubende sehen alles, was ihnen begegnet, im Licht des Glaubens, wie sie ihn von Eltern und Lehrern vermittelt bekommen oder wie sie ihn sich selbst durch Studieren und Lesen und Nachdenken zurechtgelegt haben. Die Frage ist, ob dieser Glaube der Wirklichkeit entspricht oder nicht. Glaube ist keine letzte absolute Gewissheit und er bietet keine letzte absolute Sicherheit. Es gibt keinen Glauben ohne Zweifel. Aber es gibt auch keinen Nicht-Glauben ohne Zweifel. Wir können ja die Deutungsmuster anschauen, mit denen Nicht-Glaubende die Wirklichkeit interpretieren. Entspricht das mehr der Wirklichkeit als die Deutung des Glaubens?

Für mich ist es eine Hilfe, die Alternative des Nicht-Glaubens zu Ende zu denken: „Alles ist Einbildung. Wir können nichts wissen." Wenn ich diese Alternative zu Ende denke, dann steigt in mir eine tiefe Gewissheit auf: Die Deutung des Glaubens stimmt. Und es reift in mir der Entschluss: „Ich setze auf die Karte des Glaubens. Ich entscheide mich für den Glauben." Wir können den Glauben nicht letztlich beweisen. Aber er ist trotzdem vernünftig. Und es ist nicht gegen meinen Verstand, wenn ich auf die Karte des Glaubens setze. Jedoch braucht es immer auch den Sprung in den Glauben, es braucht Vertrauen und Entscheidung.

Ein weiterer Aspekt des Glaubens zielt auf die Haltung. Ich glaube *jemandem*. Glaube ist Vertrauen auf eine Person. Auch wenn dieses Vertrauen letztlich Gott als den eigentlichen Halt unseres Lebens meint – es ist für viele noch nicht möglich, Gott zu vertrauen, der ihnen so weit weg erscheint. Und dennoch fühlen sie sich irgendwie getragen. Dietrich Bonhoeffer hat in seinem berühmten Gedicht kurz vor seiner Ermordung im KZ von den guten Mächten gesprochen, die uns tragen: „Von guten Mächten wunderbar geborgen, erwarten wir getrost, was kommen mag. Gott ist mit uns am Abend und am Morgen und ganz gewiss an jedem neuen Tag." Diese Worte können auch Menschen für sich in Anspruch nehmen, die sich schwer tun, Gott als den Grund ihres Vertrauens zu erkennen. Die guten Mächte, von denen Bonhoeffer spricht, hat er als die gute Macht Gottes verstanden, als seine Engel, die uns begleiten. Andere werden es eher als ein Getragensein von einer höheren Macht verstehen, die sie nicht als den personalen Gott bezeichnen können.

„Habt Vertrauen, ich bin es!“

Matthäus erzählt uns im 14. Kapitel von Glauben und Unglauben, von Daseinsangst und wieder gefundenem Vertrauen. Die Jünger waren allein ins Boot gestiegen und ruderten zum anderen Ufer. Doch das Boot „wurde von den Wellen hin und her geworfen; denn sie hatten Gegenwind“ (Mt 14,24). Während die Jünger sich mühten und gegen die Wellen ankämpften, kam Jesus ihnen auf dem See entgegen. Als die Jünger ihn über das Wasser gehen sahen, „erschraken sie, weil sie meinten, es sei ein Gespenst, und sie schrieen vor Angst“ (Mt 14,26). Anstatt sich darüber zu freuen, dass Jesus ihnen zu Hilfe kommt, bekommen sie Angst. Sie halten Jesus für ein Gespenst. Da kommt ihnen etwas entgegen, was sie nicht in ihr Weltbild einordnen können. Es ist das Unbekannte, das Geisterhafte, das Fremde.

In diese Angst hinein spricht Jesus wieder das Wort: „Habt Vertrauen, ich bin es; fürchtet euch nicht!“ (Mt 14,27). Mit dem Wort „Ich bin es“ will Jesus den Jüngern nicht nur sagen: Ich bin kein Gespenst. Ich bin der, den ihr kennt, der kurz zuvor noch bei euch war. In dem griechischen Wort „ego eimi“ klingt vielmehr auch die Gottesoffenbarung am brennenden Dornbusch an: „Ich bin, der ich bin“ (Ex 3,14). Es begegnet ihnen kein Gespenst, sondern Gott selbst. Gottes Anwesenheit sollte ihnen Vertrauen vermitteln und keine Angst. Immer wenn Gott Angst macht, ist es nicht der Gott Jesu Christi, sondern ein dämonisches Gottesbild, das wir in uns tragen. Der Gott Jesu begegnet uns als der, der uns die Angst nimmt vor allem Bedrohlichen und Dämonischen.

Und Jesus selbst wird uns von den Evangelisten immer wieder als der beschrieben, der den verängstigten Menschen Vertrauen ins Dasein vermittelt. Das ist das eigentliche Merkmal Jesu: Er beruhigt die Daseinsangst des Menschen und schenkt ihnen neues Vertrauen, Vertrauen in den, der sie trägt, Vertrauen in das Leben, das Gott uns als etwas Gutes geschenkt hat, und Vertrauen in die eigenen Möglichkeiten, die wir von Gott empfangen haben.

Die Reaktionen auf dieses Angebot Jesu sind freilich schon im Evangelium unterschiedlich – und auch daraus lässt sich für heute etwas lernen. Petrus etwa hat auf einmal Vertrauen gefunden. Wenn Jesus über das Wasser wandeln kann, dann müsste er es doch auch können. Und so sagt er zu Jesus: „Herr, wenn du es bist, so befiehl, dass ich auf dem Wasser zu dir komme." Jesus sagte: „Komm!" Da stieg Petrus aus dem Boot und ging über das Wasser auf Jesus zu. Als er aber sah, wie heftig der Wind war, bekam er Angst und begann unterzugehen. Er schrie: „Herr, rette mich!" Jesus streckte sofort die Hand aus, ergriff ihn und sagte zu ihm: „Du Kleingläubiger, warum hast du gezweifelt?" (Mt 14,28-31) Solange Petrus auf Jesus schaut, vermag er über das Wasser zu gehen. Doch als er den heftigen Wind wahrnimmt, geht er unter. Was in dieser Geschichte erzählt wird, ist ein schönes Bild für die Überwindung der Angst: Solange wir auf unsere Probleme schauen, die uns bedrohen, auf den Wind, der uns entgegen bläst, auf die sich aufbauschenden Wogen, die uns umspülen, gehen wir unter. Wenn die Angst mich überfällt, darf ich mich nicht in sie hinein steigern. Sonst reißt sie mich in den Abgrund. Ich brauche einen festen Halt. Hier in dieser Geschichte ist der Blick auf Jesus dieser feste Halt. Ich kann vor meiner Angst nicht davon laufen. Ich muss sie wahrnehmen, aber ich soll mich nicht in sie hineinsteigern. Ich soll in meiner Angst auf den schauen, der mich in meiner Angst und meiner Verzweiflung annimmt. Nur der Blick auf Jesus lässt uns über das Wasser gehen. Den Blick auf ihn gerichtet bemerken wir gar nicht, dass wir keinen festen Boden unter den Füßen haben.

Für viele Menschen heute ist Jesus zu fremd, zu weit weg, der Blick auf Jesus scheint ihnen kein Weg, ihre Angst zu überwinden. Sie beneiden Petrus, der von Jesus in seiner Angst aufgefangen wird. Aber sie selbst bleiben in ihre Angst verstrickt. Jesus nennt den Glauben einen festen Boden, auf dem wir stehen können. Glauben, das ist für jeden möglich. Glauben – das bedeutet nicht, dass ich die gesamte christliche Dogmatik verstehe und annehme, sondern dass ich mitten in meiner Angst dem traue, der mich aus meiner Angst zu befreien vermag. In jedem von uns ist so eine Ahnung, dass es etwas, oder besser: einen gibt, dem ich mich anvertrauen kann, der mich nicht allein lässt. Matthäus will uns in der Geschichte Jesu, der über das Wasser geht, zu diesem Glauben und Vertrauen einladen. Die Geschichte spricht in uns die Sehnsucht an, uns wie Petrus auf Jesus, auf Gott verlassen zu können. Und zugleich finden wir uns in Petrus wieder. In Petrus sehen wir unsere Sehnsucht nach einem festen Glauben und zugleich unsere Zweifel. Jesus nennt Petrus einen Kleingläubigen. Kein Mensch ist ganz ungläubig. Aber oft genug ist unser Glaube genauso klein wie der des Petrus. Da brauchen wir einen, der unseren Glauben stärkt. Im Matthäusevangelium geht es auch gar nicht um die Alternative Glaube und Unglaube. Die Alternative lautet: Kleinglaube und fester Glaube. Matthäus schreibt sein Evangelium nicht, um Ungläubige zu bekehren, sondern um die, die nicht stark genug glauben, in ihrem Glauben zu festigen. Wenn wir uns von Jesus in unserem Glauben stärken lassen und wenn wir mit Petrus auf Jesus schauen, der uns mitten in den Wellen und Wogen unseres Lebens begegnet, dann trägt uns sogar das Wasser. Dann haben wir keine Angst, unterzugehen.

Das, was in dieser Geschichte angesprochen wird, wird in Psalm 69 anschaulich geschildert: „Rette mich, o Gott! Das Wasser geht mir bis an die Kehle. Ich versinke im Schlamm des Abgrunds, es gibt keinen Halt mehr. Ich bin in Wassertiefen geraten, die Flut schlägt über mir zusammen. Erschöpft bin ich vom Rufen, es brennt mir die Kehle. Meine Augen ermatten, so lange schon harre ich meines Gottes." (Ps 69, 2-4) Es ist die Angst, keinen Grund mehr unter den Füßen zu haben, im Schlamm meines Lebens zu versinken.

Für den Psalmisten sind die Hasser und Feinde der Sumpf, in dem er versinkt. Und so ruft er zum Herrn: „Entreiß mich dem Sumpf, damit ich nicht versinke, damit ich meinen Hassern entkomme, den Tiefen des Wassers, damit die Wasserflut nicht über mir zusammenschlägt, der Abgrund mich nicht verschlingt, damit nicht der Schacht über mir seinen Schlund schließt." (Ps 68,15f) Gott ist für den Psalmisten der, der ihn aus den Wasserfluten zu erretten vermag. In Psalm 144 wird das gleiche Bild verwendet. Da bittet der Psalmist: „Streck von der Höhe deine Hände aus, errette mich und reiß mich heraus aus mächtigen Wassern, aus der Gewalt der Fremden, denn ihr Mund redet Lüge, und Meineid schwört ihre Rechte." (Ps 144,7f) Hier sind Lüge und Meineid der Feinde wie ein Wasser, in dem der Beter zu versinken droht. Wer lügt, gegen den kann man nicht kämpfen. Man hat den Eindruck, in den Wasserfluten zu versinken, in einem Abgrund menschlicher Bosheit und Korruption.

Matthäus kennt offensichtlich diese Angst vor dem Versinken. Für ihn ist die Begegnung mit Jesus eine wirksame Therapie, um diese Angst zu überwinden. Denn Jesus ist nicht nur über das Wasser des Sees von Gennesaret gewandelt, sondern über die Wasser des Todes. In seiner Auferstehung hat er die Wasser des Todes überwunden. Als der Auferstandene ist Jesus der, der über den Wassern des Todes wandelt. Wer ihm im Glauben folgt, der hat keine Angst vor den Wassern des Todes, der schreitet im Vertrauen über alles Schwankende oder Brüchige in seinem Leben. Er schaut mitten in den Turbulenzen seines Lebens auf den, der den Tod besiegt hat. Das nimmt ihm die Angst vor dem Untergang in den Fluten seines Lebens.

Aber hilft dieser Glaube wirklich dem, der von undefinierbaren dunklen Ängsten heimgesucht wird und in den Strudel und Sog unbewusster Strömung gerät? Für viele sind die Worte der Bibel leer, ohne Bedeutung. Ihre Angst ist zu groß, als dass sie durch den Blick auf Jesus oder durch die Meditation biblischer Geschichten aufgelöst werden könnte. Oft ist eine Therapie nötig, damit wir einen festen Halt finden, wir sind angewiesen auf einen Therapeuten oder eine Therapeutin, die keine Angst vor unseren inneren Turbulenzen haben. Der Glaube allein vermag uns in einer schwierigen Situation oft nicht von der Angst zu befreien. Doch wenn wir in einer Therapie oder in einer geistlichen Begleitung unsere Ängste anschauen, dann kann es doch eine Hilfe sein, die Geschichte von Jesu Gang auf dem Wasser zu meditieren. Diese Geschichte spricht unsere tiefste Sehnsucht an, mit unserer Angst nicht völlig allein zu sein. Sie zeigt uns, dass es diesen Jesus gibt, der zu uns kommt in unserer Angst. Wenn wir es dann wagen, in unserer Angst auf diesen Jesus zu schauen, dürfen wir manchmal erfahren, mitten im Sumpf unserer Angst Halt zu finden. Oft gibt es auch kleine Hilfen. Manchmal hilft es, ein Kreuz zu umfassen, um diesen Halt auch leibhaftig zu spüren. Andere haben einen kleinen Engel bei sich, den sie mit ihren Händen umschließen, um sich zu vergewissern, dass sie nicht allein sind. All das sind Hilfen für meine Angst. Aber es braucht zugleich die Demut, zugeben zu können, dass die Angst trotz all dieser Hilfen über mich hereinbrechen kann wie ein Wasserstrudel, der mich mit in die Tiefe zu ziehen droht. Es macht dann wenig Sinn, mir vorzuwerfen, dass mein Glaube zu schwach sei, und es hilft auch nichts, zu beklagen, dass alle Therapie habe nichts geholfen habe. Ich muss mich aussöhnen mit dieser bedrohlichen Angst. Nur dann kann ich mitten in der Angst nach einem Anker suchen, an dem ich mich festhalten kann. Für den einen ist es der Blick auf Jesus, für den anderen die Berührung eines Menschen, der ihm Nähe schenkt, für den anderen der Versuch, sich selbst zu spüren. Indem ich jetzt meine Hände spüre, vergewissere ich mich, dass dieser kleine Ort der Berührung nicht von der Angst bestimmt ist. Dort ist mitten im Strudel ein winziger geschützter Raum des Vertrauens.

Sich aufbrechen lassen von Gott

Das Bild des Vertrauens verbinden wir mit etwas Festem, das in sich zusammen hängt, das Halt gibt. Aber die Erfahrung des Lebens zeigt, dass es nichts absolut Festes gibt, auf das wir uns verlassen können. Oft genug wird uns das zerbrochen, worauf wir unsere Hoffnung gesetzt haben. Henri Nouwen hat einmal gesagt: „Dort wo wir zerbrochen werden, dort werden wir auch aufgebrochen für Gott und aufgebrochen für unser wahres Selbst." Das Aufgebrochenwerden ist etwas Passives. Wir müssen nicht aufbrechen. Das Leben zerbricht etwas in uns und bricht uns auf diese Weise auf. Aber wir können das Aufgebrochenwerden nur dann als Segen erfahren, wenn wir ein Grundvertrauen in Gott haben, ein Vertrauen, das uns sagt, dass uns nichts widerfahren wird, was uns letztlich schaden kann. Zerbrochen wird das, was uns Sicherheit verleiht, aber auch das, was wir um uns herum aufgebaut haben, um uns abzusichern gegen neue Ideen. Wenn der Panzer zerbrochen wird, den wir um uns herum gelegt haben, dann wird etwas in uns lebendig.

Es braucht Vertrauen, sich von Gott aufbrechen zu lassen. Aber durch das Aufgebrochenwerden kann auch Vertrauen wachsen. Wir spüren, dass wir uns nicht an Äußeres halten können. Halt gibt nur der Grund, auf den wir unser Lebenshaus bauen. Jesus spricht vom Felsen, auf den wir unser Haus bauen. Der Fels ist letztlich er selbst. Wenn unser Haus auf Fels gebaut ist, kann es nichts so leicht zum Einsturz bringen. Wenn es aber auf den Sand unserer Illusionen gebaut ist, dann wird es einstürzen. Solche Illusionen, die nur

Sand für das Fundament unseres Hauses sind, bestehen in der Erwartung, von allen anerkannt und gemocht zu werden, ständig Erfolg haben zu müssen. Wenn unsere Illusionen zerbrochen werden, dann fliegt der Sand, auf den wir unser Haus bauen wollten, auseinander. Und unterhalb des Sandes können wir nach dem Felsen graben, der unser Haus trägt. Das Zerbrochenwerden der Illusionen öffnet uns für ein tieferes Vertrauen, für das Vertrauen, in Gott selbst zu gründen.

Vertrauen auf Seine Nähe

Es gibt ein Sprichwort: „Zeit heilt Wunden". Man sagt es oft, wenn jemand einen lieben Menschen verloren hat. Aber es tröstet nicht wirklich. Mit der Zeit kann auch die Resignation oder die Verzweiflung wachsen. Und wenn ich in der Trauer bin, hilft es mir nicht, wenn jemand sagt: „Die Trauer wird schon vorübergehen." Jetzt tut sie weh. Und jetzt finde ich keinen Weg, von ihr frei zu werden. Der Glaube kann mich in einer solchen Situation trösten. Allerdings darf ich den Glauben nicht als schnelle Lösung missverstehen. Der Schmerz tut trotz des Glaubens weh. Und der Glaube gibt nicht sofort eine Antwort auf mein Leid. Und er löst meinen Schmerz nicht auf. Aber im Glauben fühle ich mich in meiner Not nicht alleingelassen. Ich vertraue darauf, dass Gott bei mir ist. Natürlich sagen manche: „Ich erfahre Gott nicht in meiner Trauer. Er hat mich alleingelassen." Das ist eine schmerzliche Erfahrung, die ich nicht vorschnell überspringen darf. Aber wenn ich sie zulasse, kann ich in meinen Schmerz hinein glauben, dass ich trotz allem getragen bin. Für uns Christen ist dabei der Blick auf Jesus, der am Kreuz hängt, der selbst tiefe Einsamkeit, Verlassenheit und Leid erfahren hat, eine Hilfe, sich im Leid von ihm verstanden zu wissen. Denn er hat das Leid selbst in seiner Abgründigkeit durchlebt. Und der Glaube gibt mir das Vertrauen, dass ich durch das Leid und durch die Trauer nicht aus der Liebe Gottes falle. Ich bin auch dort von seiner Liebe umgeben.

Die Hoffnung ist für mich auch ein wichtiger Trost. Hoffnung hat mit Zeit, mit einem Überschreiten bloßer Gegenwartsverhaftung zu tun – ohne die Gegenwart zu leugnen. Hoffnung heißt auch nicht, dass künftig alles besser wird. Hoffnung ist etwas anderes als die Erwartung eines bestimmten Zustandes. Denn wenn dieser Zustand so nicht kommt, wie ich mir das vorgestellt habe, wäre die Hoffnung zerbrochen. Hoffnung – so sagt der französische Philosoph Gabriel Marcel, der eine eigene Philosophie der Hoffnung entwickelt hat – ist immer Hoffnung für dich und für mich. Wer hofft, der sagt: Ich hoffe, dass sich in mir etwas wandelt und dass ich besser mit dem Leid umgehen werde. Und ich hoffe für dich, dass deine Trauer sich wandelt und du mit der Kraft in dir in Berührung kommst. Die Hoffnung kann warten. Sie hat Geduld. Es gibt immer Menschen um mich herum, denen es gerade nicht gut geht, die „durchhängen". Die Hoffnung vertraut darauf, dass sie durch diese Krise hindurch kommen. In der Hoffnung gebe ich den anderen nicht auf. Ich vertraue darauf, dass er seinen Weg findet. Und ich kann in Geduld warten, bis der andere wieder in Berührung kommt mit seiner eigenen Kraft.

Paulus bringt Hoffnung und Geduld zusammen: „Hoffen wir auf das, was wir nicht sehen, dann harren wir aus in Geduld." (Röm 8,25) In diesem Wort des hl. Paulus kommt noch eine andere Seite der Hoffnung zum Ausdruck. Hoffnung hat immer mit dem Unsichtbaren zu tun. Wir hoffen auf das, was wir nicht sehen, sagt Paulus im Römerbrief (Röm 8,24). Ich sehe in mir noch keine Verwandlung des Leids oder der Trauer. Aber ich hoffe auf das, was in mir noch nicht sichtbar und spürbar ist, auf den Glauben, auf das Heil, auf die innere Kraft, die in mir ist, auf Gott, den ich auch nicht sehe, der mir aber trotzdem zur Seite steht. Ich sehe im anderen noch nicht, dass das Gute sich in ihm entfaltet. Ich sehe nur seine Krise, eine Schwäche. Doch ich vertraue auf das, was ich noch nicht sehe. Und indem ich daran glaube, wächst das Verborgene im anderen. Hoffen heißt: auf das Unsichtbare setzen und darauf vertrauen, dass es stärker wird als das, was mir jetzt gerade in die Augen fällt.

„Die Sehnsucht
nach Gerechtigkeit
nimmt nicht ab
Aber die Hoffnung“,

das hat Hilde Domin einmal gedichtet. Aber auch wenn es Resignation geben mag, es lässt sich die Hoffnung nicht aufheben: „Der Glaube, den ich am meisten liebe, sagt Gott, ist die Hoffnung.“ Der französische Denker und Literat Charles Péguy hat in diesem Satz die Kraft der Hoffnung wunderbar formuliert.

Zuinnerst unverletztlich

Wir alle haben Angst vor dem Verletztwerden, vor dem Verlust unserer Integrität. Diese Angst hat Jesus vor Augen, wenn er den Jüngern zuruft: „Fürchtet euch nicht vor denen, die den Leib töten, die Seele aber nicht töten können, sondern fürchtet euch vor dem, der Seele und Leib ins Verderben der Hölle stürzen kann." (Mt 10,28). Seine Therapie für die Angst vor dem Verletztwerden besteht in dem Verweis auf die Seele. Die Seele meint hier weniger den psychischen Bereich, den ich persönlich eher dem Leib zurechne, sondern vielmehr den inneren Raum des Menschen, den göttlichen Kern in uns. Dort, wo Gott in uns wohnt, dort, wo wir ganz wir selbst sind, wo unser göttlicher Funke ist, dort kann uns niemand verletzen. Das befreit uns von der Angst vor bedrohlichen und gewalttätigen Menschen. Und es befreit uns vor Menschen, die uns missbrauchen könnten. Wir wissen, dass sie immer nur den Leib missbrauchen können. Doch der innerste Kern in uns ist unverletzbar. Dort dringen weder anzügliche Blicke noch kränkende Worte hin. Dort wohnt Gott in uns. Und Gottes heilende Nähe schützt unseren Kern vor der bedrohlichen Situation, dass Menschen uns zu nahe kommen.

Die Angst wird durch das Wissen um die unverletzliche Seele nicht einfach aufgehoben. Denn unser Leib und unsere Psyche reagieren weiterhin angstvoll auf die körperliche oder psychische Verletzung. Wenn uns jemand anschreit, wird die Angst unsere Kehle zuschnüren. Wenn uns jemand schlägt, tut es weh. Aber die Angst wird relativiert. Wir werden nicht in unserer Tiefe getroffen, nur unser Leib wird berührt. Jesus selbst tröstet uns nicht mit seichten Worten, wie: „Du brauchst keine Angst zu haben. Es vergeht schon. Gott hilft dir schon." Vielmehr verlagert er die Angst. Wir sollen uns nicht vor denen fürchten, die den Leib töten, sondern vor dem, der Seele und Leib in das Verderben der Hölle stürzen kann. Die Gottesfurcht befreit uns von Menschenfurcht. Indem wir die Furcht auf Gott richten, verwandelt sich unsere Furcht vor den Menschen, die uns mit ihrer Drohgebärde Angst einjagen möchten.

Dabei geht es aber nicht darum, uns vor Gott zu fürchten. Gott fürchten meint vielmehr: ihn ernst nehmen. Leider haben viele Verkünder der Frohen Botschaft dieses Wort missverstanden, so dass sie den Menschen Angst vor Gott machten und Angst vor der Hölle predigten. Jesus geht es nicht um die Angst vor Gott oder vor der Hölle, sondern um ein Ernstnehmen Gottes und der Möglichkeit, dass unser Leben auch scheitern kann. Indem ich auf die letzte Konsequenz meines Lebens schaue, relativiert sich die Angst vor feindlichen Menschen. Sie können mein Leben letztlich nicht zerstören. Im schlimmsten Fall können sie vielleicht meinen Leib töten, nicht aber meine Seele. Wenn ich mitten in der Angst vor dem Verletztwerden auf Gott schaue, kann meine Angst sich wandeln. Die Angst verschwindet nicht einfach. Aber sie verweist mich auf Gott. Ich gehöre Gott und nicht den Menschen. Tief in meiner Seele weiß ich, dass in mir selbst ein göttlicher, ein unzerstörbarer Kern liegt. Die Menschen können nur das Äußere verletzen, nicht aber den innersten Kern, der Gott gehört. Dort bin ich heil und ganz. Dort hat auch die Angst keinen Zutritt.

Vertrauen – Frieden mit unserer Seele schließen

Jesus selbst offenbart uns Gott als einen, der sich uns barmherzig und liebend zugewandt hat. Er hat uns besucht, weil wir uns selbst verloren haben und uns fremd geworden sind. Und er hat sein Licht über uns aufgehen lassen, um uns zu erleuchten und um unsere Schritte zu lenken auf den Weg des Friedens. Drei Aspekte Gottes sind es, die uns in Jesus erschienen sind und die uns von unserer Angst befreien sollen: die Barmherzigkeit Gottes, sein Licht, das uns erleuchtet, und der Friede, der uns geschenkt wird, wenn wir seine Liebe in uns eindringen lassen.

Gottes Barmherzigkeit soll uns lehren, barmherzig mit uns selbst umzugehen, anstatt uns ständig zu verurteilen und gegen uns zu wüten. Die Härte sich selbst gegenüber entspringt ja immer der Angst, nicht gut genug zu sein. Die Barmherzigkeit ist ein Weg, mit uns selbst Frieden zu schließen. Wenn wir die Barmherzigkeit Gottes in alle unsere Selbstvorwürfe hineinströmen lassen, dann wird sich die Angst, nicht richtig zu sein, beruhigen. Das Licht Gottes, das in Jesus Christus aufgestrahlt ist, ist kein kaltes Licht, sondern ein barmherziges Licht, das in die Abgründe unserer Angst eindringen möchte. Es möchte das Dunkel in uns erhellen, um uns einen barmherzigen Blick in die Tiefen unseres Unbewussten ermöglichen und Frieden zu schließen mit allem, was in uns ist.

Jesus hat uns in seiner Predigt einen Weg zu diesem Frieden gewiesen. Wir sollen mit den Feinden unserer Seele Frieden schließen, anstatt sie zu bekämpfen. Wir sollen mit der

Angst Frieden schließen. Dann wird sie zu unserem Freund. Jesus erklärt diesen Zusammenhang in dem Gleichnis von dem König mit den zehntausend Soldaten (Lk 14,31f). Wenn wir mit unseren zehntausend Soldaten, mit unserem Willen, unserer Disziplin, unserem Verstand, gegen die zwanzigtausend Soldaten der Angst kämpfen, reiben wir uns in diesem Kampf auf. Je mehr Energie wir in den Kampf gegen die Angst stecken, desto größer wird die Gegenkraft, die die Angst entwickelt. Sie wird uns dazu zwingen, unsere ganze Energie zu vergeuden, um Mauern aufzubauen, damit die Angst nicht in unser Herz eindringen kann. Die Energie, die wir in den Aufbau der Abwehr stecken, wird uns zum Leben fehlen. Wir werden unfähig, uns selbst zu spüren. Die Mauer, die wir aufbauen, wird uns auch vom eigenen Herzen trennen. Jesus lädt uns ein, Frieden zu schließen mit unserer Angst, aus der Angst als Feindin eine Freundin zu machen. Dann gehört die Kraft, die in der Angst steckt, zu uns. Die Angst wird uns auf unserem Weg begleiten. Sie wird uns aus der Enge heraus zu einer größeren Weite führen. Im Bild des Gleichnisses Jesu gesprochen: Wenn wir aus den Feinden Freunde machen, erweitert sich unser Land. Und wir haben, um im Bild zu bleiben, statt zehntausend nun dreißigtausend Soldaten zur Verfügung. Wir haben also mehr Kraft, als wenn wir uns im Kampf aufreiben. Die zwanzigtausend Soldaten der Angst werden uns helfen, das eigene Land aufzubauen und zu gestalten. Unser Leben wird reicher und bunter. Manchen macht es allerdings Angst, mit ihrer Angst Frieden zu schließen. Sie meinen, sie müssten sie besiegen. Doch erst wenn wir Frieden mit ihr schließen, wird sie zum Freund werden, der uns ein freies und intensiveres Leben ermöglicht.

Wir sind in seiner Zuneigung

Viele sind mit der Angst vor dem Verlassenwerden und vor dem Alleingelassensein geplagt. Wie damit umgehen? Jesus antwortet auf diese Frage mit einem überraschenden Bild: „Verkauft man nicht zwei Spatzen für ein paar Pfennig? Und doch fällt keiner von ihnen zur Erde ohne den Willen eures Vaters. Bei euch aber sind sogar die Haare auf dem Kopf alle gezählt. Fürchtet euch also nicht! Ihr seid mehr wert als viele Spatzen." (Mt 10,29-31) Er sagt damit: Wenn Gott sich schon um die Spatzen kümmert, die kaum einen Marktwert haben, um wie viel mehr wird sich Gott um uns kümmern. Wir sind in Gottes Hand. Er weiß um uns. Er hat sogar die Haare auf unserem Kopf gezählt, so gut kennt er uns. Mit diesem Sinnbild will Jesus uns zeigen, wie sehr Gott um uns weiß und wie wichtig wir für ihn sind. Gott sorgt sich um uns. Er umgibt uns mit seiner Liebe und Fürsorge. Gott ist um uns wie eine liebende Mutter, zu der wir flüchten, und wie ein verlässlicher Vater, an den wir uns anlehnen können. Und er ist ein Vater, der um uns weiß. Von seiner Zuneigung zu wissen, gibt Halt und Sicherheit.

Es sind im Grunde zwei Wege, die uns Jesus hier weist. Der erste Weg ist, den eigenen Selbstwert zu erhöhen: Ich bin wertvoll, weil Gott mich geschaffen hat. Ich bin so wertvoll, dass Gott sogar die Haare auf meinem Haupt kennt. Die Erfahrung der eigenen Würde befreit mich von der Angst, allein gelassen zu werden. Denn wenn ich um meine Würde weiß, dann bin ich mir auch selbst wert, bei mir zu bleiben und mich auszuhalten. Ich verlasse mich dann nicht selber.

Ich bleibe bei mir. Ich stehe mir selber bei. Ich bin in mir selbst wertvoll und muss mich nicht klein machen wie ein Kind, das zur Mutter flüchtet. Ich darf dankbar sein für den unendlichen Wert, den Gott mir zugemessen hat.

Der zweite Weg, den Jesus weist, bezieht sich auf die Sorge Gottes um mich. Gott umgibt mich, er lässt mich nicht allein. Für viele ist das kein Trost. Denn sie suchen bei Menschen Zuflucht, wenn sie nicht weiter wissen oder wenn sie sich bedroht fühlen. Doch unsere Erfahrung zeigt auch: Je mehr wir nach Menschen suchen, die uns die Angst nehmen, desto größer ist die Wahrscheinlichkeit, dass wir enttäuscht werden. Es gibt zwar immer wieder Menschen, die uns helfen und uns eine Zeit lang begleiten. Sie können unsere Angst lindern, aber sie vermögen nicht, sie uns ganz zu nehmen. Es ist kein Widerspruch, auf Gott zu trauen und sich an Menschen zu wenden. Wenn ich darauf vertraue, dass Gott sich um mich kümmert, dass ich nicht allein gelassen bin, dann kann ich auch mit größerem Vertrauen auf Menschen zugehen und um ihre Hilfe bitten. Im Vertrauen auf Gott mache ich die Erfahrung, nicht verlassen zu sein, sondern umsorgt und geliebt zu werden. Solches Urvertrauen befähigt mich dann auch zu größerem Vertrauen in die Menschen. Ich fühle mich dann nämlich nicht bei jeder Abgrenzung eines anderen gleich zurückgestoßen und verlassen. Und ich werde die Menschen nicht mit der Erwartung überfordern, dass sie mir meine Angst nehmen. Die Menschen können mir helfen, indem sie sich nicht abwenden und zu mir stehen. Aber die Angst wirklich loszuwerden, das ist ein innerer Prozess, den ich selbst vollziehen muss – mit Gottes Hilfe. Denn letztlich ist es er, der mir in der Tiefe meines Herzens die Angst nehmen kann. Und wenn diese tiefe Angst beruhigt ist, kann ich frei auf Menschen zugehen, wenn ich sie brauche. Und ich kann dankbar sein für das, was sie mir geben – auch wenn sie mir nie alles geben können.

Erlösung aus unserer Angst

Im „Benediktus", dem Lobgesang des Zacharias, beschreibt Lukas das Geheimnis unserer Erlösung durch Jesus Christus als Befreiung von der Angst: „Er hat uns geschenkt, dass wir, aus Feindeshand befreit, ihm furchtlos dienen in Heiligkeit und Gerechtigkeit vor seinem Angesicht all unsre Tage." (Lk 1,74f) Im Griechischen wird hier der Begriff „aphobos" verwendet. Er bedeutet einen Mangel an Furcht, ein Fehlen der Furcht. In Jesus Christus hat uns Gott die Befreiung von der Angst geschenkt. Die Befreiung aus der Angst hängt zusammen mit der Befreiung aus der Hand der Feinde. Es sind letztlich die Feinde unserer Seele, die uns Angst machen. Die Feinde der Seele, das sind unsere kranken Lebensmuster, unsere Komplexe, unsere Schwächen und Fehler. Oder – in der Sprache der Bibel – es sind die Dämonen, die uns nicht zu dem werden lassen, zu dem Gott uns gemacht hat. Die Psychologie benennt diese Feinde der Seele mit anderen Begriffen: Es sind falsche Deutungen der Wirklichkeit, verzerrte Denkmuster, die die Wirklichkeit einseitig wahrnehmen und nur das Beängstigende in ihr sehen.

Wie hat uns nun Jesus von diesen Feinden der Seele, von diesen destruktiven Denkmustern und Deutungsweisen unserer Wirklichkeit befreit? Wie können wir diese Befreiung von unserer Angst verstehen und erfahren?

Für mich kommt in dem eben zitierten Vers aus dem Lobgesang des Zacharias etwas Wesentliches vom Geheimnis der Erlösung, wie Lukas sie versteht, zum Ausdruck. Schon der Grieche Lukas hat die Angst als etwas Quälendes erlebt, als das, was den freien und aufrechten Menschen in seinem Daseinsgefühl beeinträchtigt. Daher besteht für ihn Erlösung nicht so sehr in der Vergebung der Sünden, sondern vielmehr in der Befreiung aus der Angst und in ihrer Überwindung. Der Religionsphilosoph Eugen Biser hat dies verstanden, wenn er das Christentum „die Religion der Angstüberwindung“ nennt. Das Wesen Jesu kommt darin insofern zum Ausdruck, als er den Menschen tatsächlich ihre Angst nimmt. Er vermittelt ihnen: Ihr braucht keine Angst vor der eigenen Schuldhaftigkeit und vor inneren Feinden zu haben, die euch von innen her suggerieren, wie schlecht ihr seid und dass ihr euer Leben nicht schafft. Jesus befreit die Menschen von der Macht der Dämonen. Er richtet die aus Angst in sich gekrümmte Frau auf und zeigt ihr ihre ursprüngliche Schönheit und Würde, so dass sie von nun an aufrecht durchs Leben geht und Gott dafür lobt, dass er sie so wunderbar geschaffen hat (vgl. Lk 13,10-17). Er richtet angstgebeugte Menschen auf und zeigt ihnen den ursprünglichen Glanz, in dem ihre Seele strahlt. Er öffnet ihnen die Augen, damit sie die Wirklichkeit richtig erkennen und frei werden können von der Projektion ihrer Angst auf die Realität dieser Welt. Er macht durch sein Handeln deutlich: Angst entsteht durch falsche Deutung der Welt und wir überwinden sie am besten, indem wir die Welt so sehen, wie sie von Gott geschaffen wurde.

Wirf deine Sorgen auf den Herrn

Kein Leben verläuft nur wunschgemäß oder genau nach den Plänen, die wir uns machen. Und immer wieder erfahren wir: Wir haben nicht alles in der Hand, so sehr wir uns auch anstrengen mögen. Es gibt Phasen im Leben, in der uns die Probleme geradezu zu erdrücken scheinen und trotz all unserer Bemühungen Lösungen nicht in Sicht sind. Zu allen Zeiten hat es das gegeben. So ist unser Leben nun einmal. Auch die Bibel erzählt davon – und sie gibt auch einen Rat, wie damit umzugehen ist. „Wirf deine Sorge auf den Herrn, er hält dich aufrecht!", so heißt es in Psalm 55,23. Der Psalmist rechnet damit, dass wir voller Sorgen sind. Aber er verzweifelt nicht über dieser Realität. Seine Empfehlung: Wir sollen nicht um die Sorgen kreisen. Wir sollen sie auf den Herrn werfen. Es ist ein schönes Bild. Wir sollen die Sorgen nicht einfach abtun oder wegwerfen, sondern sie gezielt auf Gott werfen. Wir sollen Gott mir unseren Sorgen buchstäblich bewerfen. Im Werfen steckt beides: Aggression, aber zugleich Befreiung. Wenn ich einen Stein voller Kraft wegwerfe, fühle ich mich freier. So – das sagt der Psalmist – soll ich meine Sorgen anschauen und dann auf Gott werfen. Der Lohn solchen Werfens ist, dass ich aufrechter stehen kann. Gott selbst hält mich aufrecht. Ich bekomme neues Stehvermögen. Wer sich sorgt, der kann nicht ruhig stehen bleiben. Er ist immer unruhig unterwegs. Und wenn er zum Stehen kommt, dann tippelt er herum. Das Loslassen der Sorgen ist eine Bedingung, um aufrecht zu stehen, um zu sich zu stehen und um etwas durchzustehen.

Was hilft uns unser Weh und Ach?

Im Jahre 1657 hat Georg Neumark ein berühmt gewordenes Lied gedichtet und vertont. Es wird noch heute gerne gesungen, weil Menschen sich über die Zeiten hinweg in Text und Melodie wiederfinden: „Wer nur den lieben Gott lässt walten". Die zweite Strophe dieses Liedes beginnt mit den Worten: „Was helfen uns die schweren Sorgen, was hilft uns unser Weh und Ach? Was hilft es, dass wir alle Morgen beseufzen unser Ungemach?" Als Heilmittel gegen die kummervollen Sorgen rät uns der Dichter: „Sing, bet und geh auf Gottes Wegen, verricht das Deine nur getreu!" Statt mich mit Sorgen zu quälen, soll ich einfach das tun, was heute von mir gefordert wird. Und ich soll jeden Tag mein Gebet verrichten und Gott im Singen preisen. Dann werden die Sorgen nicht überhand nehmen. Das ist der Rat Georg Neumarks, dessen Lied wohl auch deswegen so populär geworden ist, weil sich viele mit ihrer Lebenserfahrung darin wiederfinden. Man könnte eine noch viel ältere christliche Lebensregel anführen, die Ähnliches rät: das benediktinische Motto „Bete und arbeite". Auch dies ist ein Heilmittel gegen die schweren Sorgen. Ruhige und tatkräftige Aktivität und gelassenes Sich-Anvertrauen sind, wenn sie zusammenkommen, eine gute Methode, um besser, sorgenfreier, durchs Leben zu kommen.

Lass die Spatzen pfeifen

Viele junge Menschen leiden heute an Perspektivelosigkeit. Das hat auch seelische Konsequenzen. Depressionen nehmen gerade bei Jugendlichen immer mehr zu. Johannes Bosco war ein charismatischer Seelsorger, ein Freund gerade „schwieriger" Jugendlichen im Turin des 19. Jahrhunderts. Sein soziales Gewissen, seine Einfühlungskraft in andere, vor allem auch seine optimistische Lebenseinstellung hat die jungen Menschen angezogen. Dieser Seelsorger setzte als Erzieher auch schwieriger junger Menschen nicht auf Zwangsmittel. Er setzte auf Liebe und Vertrauen. Er hat das Wort Jesu von der Sorglosigkeit verstanden. Jesus verweist auf das Vertrauen der Vögel. Sie singen einfach und vertrauen darauf, dass Gott sie nährt. Daraus formuliert Don Bosco seinen Rat: „Machs wie der Vogel, der nicht aufhört zu singen, auch wenn der Ast bricht. Denn er weiß, dass er Flügel hat." Realismus und Bodenhaftung sind wichtig. Aber manchmal bräuchten wir auch etwas von der Leichtigkeit des Vogels. Er singt, auch wenn der Ast, auf dem er sitzt, bricht. Wie der Vogel so hat auch unsere Seele Flügel. Sie kann uns über die alltäglichen Probleme hinweghelfen. Sie beflügelt uns, und hilft so, alles von einer anderen Warte aus zu betrachten. Dann relativieren sich unsere Sorgen. Mitten in unserer Angst, dass uns der Boden, auf dem wir stehen, schwankt, erheben wir uns mit unserer Seele zum Himmel. Dort kann uns die Angst nicht mehr erreichen. Don Boscos Rat: „Fröhlich sein und die Spatzen pfeifen lassen!"

Kein Gott der Angst

Ein Mann, der auf Reisen geht, ruft seine Diener und vertraut ihnen sein Vermögen an. Dem einen gibt er fünf, dem anderen zwei Talente und dem letzten ein Talent. Die beiden ersten gehen hin und wirtschaften mit ihren Talenten. Sie verdoppeln sie. Der dritte jedoch geht hin und vergräbt sein Talent. Anstatt auf die Gaben zu schauen, die er empfangen hat, sieht er auf die beiden Mitknechte. Und da hat er den Eindruck, dass er zu kurz gekommen sei, dass er gar keine Chance habe, sie mit seinem Wirtschaften zu übertreffen. Das Gefühl der Minderwertigkeit erzeugt Angst. Von dieser Angst könnte uns nur der Blick auf Gott erlösen, der uns mit unserem Leben und mit Gaben beschenkt hat, die nur wir vorzuweisen haben. Doch sobald wir uns mit anderen vergleichen, erscheinen uns auch diese Gaben als nicht vorzeigbar. Der dritte Knecht vergräbt also sein Talent, weil er Angst hat, er könne etwas von dem ihm anvertrauten Geld verlieren. Aber genau damit begeht er den größten Fehler. Als er mit seinem vergrabenen Talent zu seinem Herrn gerufen wird, erklärt er den Grund seines Verhaltens: „Herr, ich wusste, dass du ein strenger Mann bist; du erntest, wo du nicht gesät hast, und sammelst, wo du nicht ausgestreut hast; weil ich Angst hatte, habe ich dein Geld in der Erde versteckt. Hier hast du es wieder." (Mt 25,24 f) Weil der dritte Knecht Angst hat vor der Bewertung seines Handelns, versteckt er sein Talent. Auf diese Weise kann er nichts verlieren. Es wird im Gleichnis nicht gesagt, wie der Herr auf die Knechte reagiert hätte, wenn sie bei ihrem Wirtschaften alles verloren hätten. Nicht ihr Erfolg wird belohnt, sondern ihr Vertrauen, mit dem, was ihnen der Herr anvertraut hatte, kreativ umzugehen. Nur wer ein Risiko eingeht, kann die Talente verdoppeln. Doch das Risiko bedeutet immer auch, dass ich verlieren könnte. Der dritte Knecht will nicht verlieren. Ihm geht es in erster Linie darum, vor dem Herrn korrekt und fehlerlos dazustehen. Auf die religiös-existentielle Situation hin gewendet: Er hat Angst, von Gott verurteilt zu werden, weil er etwas falsch gemacht hat. Aus Angst vor einem Versagen macht er lieber gar nichts. Doch solche Angst lässt uns am Ende mit leeren Händen vor Gott stehen. Wir haben nichts vorzuweisen.

Der dritte Knecht sieht in Gott einen strengen Herrn. Weil der streng ist, geht der Knecht auch mit sich selbst streng um. Das Selbstbild und das Gottesbild ähneln sich. Die Strenge Gottes erzeugt im Knecht nicht nur Strenge sich selbst gegenüber, sondern auch Aggression. In den Worten, mit denen der Knecht dem Herrn sein Geld zurückgibt („Hier hast du es wieder"), spüren wir noch die Aggression gegenüber Gott heraus, aber auch die Aggression gegen sich selbst. Dieser dritte Knecht ist hart mit sich umgegangen. Er hat sich nichts erlaubt. Er hat ein Loch in die Erde gegraben und das Geld seines Herrn darin versteckt. Jesus hätte ein kreativeres Wirtschaften mit dem Talent erwartet. Psychologisch gedeutet: Der Knecht ist nicht liebevoll mit seinem Leben umgegangen. Er hat es vergraben. So kann nichts in ihm aufblühen. Er verkümmert. Er hindert sich selbst am Leben. Ja, er verbietet sich das Leben. Autoaggression und Aggression gegen den strengen Gott halten ihn beide vom Leben ab.

Viele Bibelleser ärgern sich über die harte Reaktion des Herrn gegenüber dem dritten Knecht: „Sein Herr antwortete ihm: Du bist ein schlechter und fauler Diener! Du hast doch gewusst, dass ich ernte, wo ich nicht gesät habe, und sammle, wo ich nicht ausgestreut habe. Hättest du mein Geld wenigstens auf die Bank gebracht, dann hätte ich es bei meiner Rückkehr mit Zinsen zurückerhalten. Darum nehmt ihm das Talent weg und gebt es dem, der die zehn Talente hat! Denn wer hat, dem wird gegeben, und er wird im Überfluss haben; wer aber nicht hat, dem wird auch noch weggenommen, was er hat. Werft den nichtsnutzigen Diener hinaus in die äußerste Finsternis! Dort wird er heulen und mit den Zähnen knirschen." (Mt 25,26-30) Jesus schildert dem dritten Knecht hier die Konsequenzen seiner Angst. Wer aus dieser Angst heraus lebt, steht am Ende mit leeren Händen da. Da wird ihm selbst das noch genommen, was er voller Angst vergraben hat. Wenn er an diesem Angst machenden Gottesbild festhält, wird sein Leben zur äußersten Finsternis. Dann gibt es kein Licht mehr in seinem Leben und keine Freude. Sein Leben wird zu einem Heulen und Zähneknirschen. Das ist durchaus wörtlich zu verstehen. Wer vor Gott alle seine Gefühle und Gedanken, seine Leidenschaften und Taten kontrollieren möchte, der wird nachts von all dem gequält, was er unterdrücken wollte. Man könnte das Bild sogar ganz konkret aufnehmen: Er versucht, das Verdrängte zu ersticken, indem er in seinen Träumen mit den Zähnen knirscht.

Der Psychotherapeut und Theologe Eugen Drewermann sieht das Hauptanliegen Jesu darin, „dass wir uns in unserer gesamten Lebenseinstellung vor Gott nicht immer wieder auf die Angst zurückziehen, und so beschwört er (Jesus) uns mit Worten, die vor Gott Angst machen sollen, dass wir vor Gott nicht länger mehr Angst haben. Es handelt sich um eine schier verzweifelte Logik, ganz so, wie wenn man gegen einen Steppenbrand ein neues Feuer legt, um ihn zum Verlöschen zu bringen." Jesus vertreibt also die Angst, indem er sie in ihren letzten Konsequenzen schildert.

Natürlich bietet das Gleichnis von den anvertrauten Talenten kein Patentrezept gegen die Angst vor Gott an. Wenn die Angst zu sehr unterdrückt ist, bedarf es eines langen Weges, um sie anzuschauen und ihr ihre Macht zu nehmen. Aber das Gleichnis zeigt zumindest die Richtung an, in der es Heilung geben könnte: Damit wir nicht von dieser Dauerangst beherrscht werden, lädt uns Jesus ein, unsere Angst zu verlassen. Er hat, so Drewermann, dieses Gleichnis erzählt, „um die Angst bis zu jenem Höhepunkt zu treiben, an dem der Teufelskreis ihrer Sinnlosigkeit deutlich und überwindbar wird."

Nur der Weg des Vertrauens führt zu dem Gott, den Jesus verkündet hat.

7
IM HAUS DER SEELE HEIMAT HABEN

Suche die Stille

Vor über 150 Jahren hat der dänische Religionsphilosoph Sören Kierkegaard den Lärm einer immer lauter werdenden Welt als krankmachend beschrieben. Wenn er Arzt wäre, so meinte er, würde er als Heilmittel raten: „Schafft Schweigen!" Unsere Welt ist nicht stiller und nicht ruhiger geworden. Umso notwendiger brauchen wir dieses Heilmittel. Nur so können wir zu uns selber kommen. Wir kommen nur zu uns selber, wenn wir still werden, wenn wir die störenden Einflüsse von außen nicht auf uns wirken lassen. Wir brauchen die Stille, um wir selbst zu werden, um ganz bei uns zu sein. Nur so wird ein menschenwürdiges Leben möglich.

Aber wir finden diese Stille oft nicht. Dabei liegt es an uns selber, ob wir sie finden. Die Erfahrung von Stille ist nicht etwas, was in unserer Lebenswelt selbstverständlich wäre. Man muss selber etwas dazu tun, um sie zu finden und zu erfahren. Ihre Erfahrung ist an Bedingungen geknüpft. Die erste Bedingung, um still zu werden, ist: stehen zu bleiben. Stille kommt von stellen. Ich stelle mich auf. Ich bleibe unbeweglich. Ich bleibe stehen. Wenn ich stehen bleibe, taucht der Hunger in mir auf. Er weist auf etwas hin, was lebensnotwendig ist. Das hungrige Kind braucht die Mutter, die es stillt. Die Stille ernährt die Seele. Da wir unseren inneren Hunger nicht gerne spüren, bleiben wir so wenig stehen. Wir sind immer auf der Flucht vor uns selbst. Es braucht Mut, stehen zu bleiben, inne zu halten und sich dem eigenen Mangel zu stellen. Aber wenn wir diesen Mut aufbringen, wird er belohnt. Wir werden innerlich still. Wir kommen in Berührung mit uns selbst. Wir spüren uns selbst. Und wir spüren in uns den Hunger. Aber es ist kein Hunger, der sofort mit Essen oder Trinken gestillt werden muss. Vielmehr taucht da in uns eine tiefe Sehnsucht auf. Und die Sehnsucht ist nicht nur Hunger. „Die Sehnsucht", so meint Arthur Schnitzler, „ist es, die unsere Seele nährt, und nicht die Erfüllung." Im Schweigen werden wir also genährt und gestillt, aber nicht mit äußeren Dingen, sondern mit der Sehnsucht. Die Sehnsucht ist etwas Heiliges in uns. Sie bringt uns in Berührung mit dem inneren Reichtum unserer Seele.

Stille tut nicht nur der Seele, sondern auch dem Leib gut. In der Stille können wir regenerieren. Die Stille hat aber noch eine andere Wirkung. Sie reinigt und klärt. Immer wieder vermischen sich unsere Emotionen mit den Emotionen der anderen. Und oft genug fühlen wir uns innerlich beschmutzt. Da braucht es das Bad des Schweigens.

In der Stille begegne ich meiner eigenen Wahrheit. Und diese Begegnung ist nicht immer angenehm. Ich kann sie nur aushalten, wenn ich aufhöre, mich selbst zu bewerten. Wenn ich einfach wahrnehme, was in mir ist, kann ich es zulassen und mich damit aussöhnen.

Für mich gehört jedoch noch etwas anderes zur Stille. Ich halte das, was in mir ist, in das Licht der Liebe Gottes. Ich muss es nicht einfach aushalten. Ich schaue es an im Licht Gottes. Und in diesem Licht sieht es anders aus. Es ist umfangen von Gottes Liebe. Es darf so sein, wie es ist. Aber durch die Liebe Gottes und durch meinen eigenen wohlwollenden Blick wird es verwandelt. Es verliert das Bedrohliche. Es darf sein. Aber es hat keine Macht mehr über mich. In der Begegnung mit dem Gott, der mich bedingungslos annimmt, kann ich die Stille aushalten. Wenn ich gnadenlos nur mit mir selbst konfrontiert wäre, würde ich wohl davonlaufen. Es fiele mir schwer, die Stille auszuhalten.

Es sind verschiedene Erfahrungen, die ich in der Stille mache. Manchmal habe ich das Gefühl, Gott schaut mich an. Und unter seinen Augen darf ich sein, wie ich bin. Ein andermal sehe ich Gott nicht als Gegenüber. Ich bin in der Stille einfach eins mit mir selbst. Und in dieser Einheit fühle ich mich zugleich eins mit allem, was ist, eins mit der Schöpfung, eins mit den Menschen und eins mit dem Urgrund allen Seins, mit Gott. In dieser Erfahrung des Einsseins steht die Zeit still. Es sind tiefe Augenblicke des Glücks, die in der Stille möglich sind.

Ich muss die Stille nicht machen. Sie ist schon da. Wenn ich durch Wälder wandere, abseits der Straßen, dann umgibt mich die Stille. Ich muss sie nur wahrnehmen. Dann wird sie mich heilend umhüllen und auch meine Seele still machen. Aber die Stille ist nicht nur außerhalb. Sie ist auch in mir. Die Mystiker sind davon überzeugt, dass in uns ein Raum der Stille ist, in dem Gott wohnt. Wir müssen die Stille nicht schaffen. Sie ist in uns. Aber wir sind oft von ihr abgeschnitten. Daher ist es gut, in der äußeren Stille den inneren Raum des Schweigens in sich zu entdecken und sich dorthin zurückzuziehen. In diesen Raum der Stille können die Menschen mit ihren Erwartungen und Ansprüchen, mit ihren Urteilen und Beurteilungen nicht vordringen. Dort kann niemand mich verletzen. Zu diesem Raum der Stille haben auch die eigenen Gedanken und Gefühle, meine Ängste, meine Sorgen, meine Selbstentwertungen und Selbstverurteilungen keinen Zutritt.

Im Schutz der Rituale

Das Ziel des rechten Maßes ist die Ruhe der Seele, die innere Ausgeglichenheit, der Einklang mit mir selbst. Doch das erreiche ich nur, wenn ich alles in mir richtig ordne. Rituale sind eine solche Möglichkeit, meine Seele zu ordnen.

Im Ritual halte ich inne. Rituale sind immer etwas Handfestes. Ich nehme etwas in die Hand. Ich zünde eine Kerze an. Ich mache eine Gebärde. Ich setze mich hin, um ein Buch zu lesen. Oder ich schweige einige Augenblicke. Ich meditiere. Die Rituale geben mir das Gefühl, dass die Zeit mir gehört. Sie geben am Morgen dem Tag ein anderes Gepräge. Ich spüre nicht die Last der Zeit, sondern ihr Geheimnis. Nicht die Zeit überfällt und bestimmt mich, sondern ich forme und präge sie. Ich nehme mir ein Stück Zeit, um dem Terror der mich aussaugenden Zeitansprüche zu entrinnen.

Rituale sind Augenblicke, in denen ich ganz bei mir bin und möglicherweise ganz bei Gott. Sie sind Tabuzonen, ein Schutzraum, zu dem die Menschen mit ihren Erwartungen keinen Zutritt haben. Sie geben mir das Gefühl, dass ich selbst lebe, anstatt gelebt zu werden. Die Rituale brauchen nicht viel Zeit. Aber sie sind Haltepunkte während der Zeit. Während des Rituals steht die Zeit still. Da hört die Zweckbestimmung der Zeit auf. Ich gönne mir das Ritual. Ich komme mit mir in Berührung. Ich kann aufatmen.

Lass dein Ego los

Jeder von uns hat auf dem Weg der Selbstwerdung sein Kreuz auf sich zu nehmen und zu tragen. C.G. Jung nennt die Kreuztragung einmal „ein passendes Symbol der Ganzheit“ und formuliert an anderer Stelle: „Jeder einzelne Mensch, der auch nur annähernd seine eigene Ganzheit sein möchte, weiß genau, dass sie eine Kreuztragung bedeutet.“ (C. G. Jung, Gesammelte Werke, Band 11, Zürich 1963, 195)

Sein Kreuz zu tragen, das ist also eine existentielle Aufgabe. Lukas hat das Nachfolgewort um eine Nuance erweitert: „Wer mein Jünger sein will, der verleugne sich selbst, nehme täglich sein Kreuz auf sich und folge mir nach. Denn wer sein Leben retten will, wird es verlieren; wer aber sein Leben um meinetwillen verliert, der wird es retten. Was nützt es einem Menschen, wenn er die ganze Welt gewinnt, dabei aber sich selbst verliert und Schaden nimmt?“ (Lk 9,23-25) Der Evangelist versteht also die Annahme des Kreuzes als tägliches Geschehen und alltägliche Aufgabe. Täglich durchkreuzt etwas meinen Weg. Jeden Tag widerfährt mir etwas, was meinen eigenen Vorstellungen nicht entspricht. Das gilt es anzunehmen. Und Lukas verbindet die Annahme des Kreuzes mit der Selbstverleugnung. Das griechische Wort „arnesasto heauton“ heißt eigentlich: nein sagen zu sich selbst, Widerstand leisten zur Tendenz des Ego, alles an sich zu raffen und für sich haben zu wollen. Dieses Wort Jesu wurde oft genug falsch verstanden. Man deutete es als Selbstentwertung oder Selbstverbiegung. Doch es ist letztlich ein Weg in die innere Freiheit. Das Ego hat die Tendenz, alles zu vereinnahmen. Es kreist immer um sich selbst: Was bringt es mir? Was habe ich davon? Diese Haltung zeigt es auch Gott gegenüber. Selbst Gott wird in einer solchen Haltung vereinnahmt. Was bringt mir Gott? Welchen Vorteil habe ich von Gott? Doch damit setzen wir das Ego absolut. Und je mehr wir es absolut setzen, desto mehr Angst haben wir um es. Sich von diesem Ego zu distanzieren, es loslassen, das ist – folgen wir dem Wort Jesu – ein Weg in die Freiheit.

Das Ich, um das ich mich ängstige, ist gar nicht so wichtig. Unterhalb des Egos aber ist ein Punkt in mir, der unzerstörbar ist.

Matthäus spricht davon, dass wir das Leben erwerben, es uns verschaffen, es gewinnen wollen. Bei Lukas heißt es: Das Leben retten, es bewahren, es erhalten. Bei beiden Evangelisten geht es um Folgendes: Wir meinen oft, wir könnten uns das Leben selbst verschaffen oder wir könnten uns an dem, was uns an Leben geschenkt wurde, festklammern, damit es nie verloren geht. Aber weder unser körperliches Leben können wir durch gesunde Lebensweise für immer bewahren, noch das psychische. Wer um jeden Preis Lebendigkeit will, der verliert sie. Der verkrampft sich und erstarrt. Das aber ist das Gegenteil von wirklichem Leben. Wer sich an seiner Gesundheit festklammert, der wird oft gerade krank. Leben gelingt nur, wenn wir die Angst um das Leben los- und uns einfach dem Leben überlassen.

Zunächst geht es darum, das Hängen an mir und meinen Wünschen und Bedürfnissen loszulassen, um in mir einen tieferen Grund zu entdecken. Wir müssen uns klar machen: Erfolg und Anerkennung, Gesundheit und Kraft sind nicht das Letzte. Davon allein kann ich mich nicht definieren. Ich brauche einen tieferen Grund. Und dieser Grund ist letztlich Gott. Jesus spricht hier aber nicht von Gott, sondern von sich selbst. Wir sollen um Jesu willen unser Leben verlieren, sagt die Bibel. Um Jesu willen, das kann heißen: Seine Botschaft ist mir so wichtig, dass ich nicht mehr ängstlich um mich und mein Wohlergehen kreise. Oder: Ich bin von seiner Person so fasziniert, dass sie mich befreit vom ängstlichen Kreisen um mich selbst. Ich folge diesem Jesus nach und gewinne dabei wirkliches Leben. „Um Jesu willen" kann aber auch noch etwas anderes meinen. Für C. G. Jung ist Jesus nicht nur die historische Person aus Nazareth, sondern zugleich ein Bild für das wahre Selbst. Jesus nachfolgen heißt dann auch, dass ich meiner inneren Stimme folge. Sobald ich still werde und in mich hinein horche, entdecke ich in mir eine leise Stimme, die mir genau sagt, was für mich richtig ist. Und diese innere Stimme lockt mich weg vom Kreisen um das eigene Leben. Sie lädt mich ein zum Loslassen alles Äußeren, damit ich den inneren Reichtum meiner Seele entdecken kann. Das ist dann das wirkliche Leben. Die Angst um mein Leben überwinde ich nur, wenn ich zu dem inneren Grund durchdringe. Dort werde ich mich lebendig fühlen, selbst wenn ich krank werde, selbst wenn der Erfolg ausbleibt. Wenn ich mit diesem inneren Grund in Berührung bin, dann halte ich mich nicht länger krampfhaft an mir selbst und an meinem Leben fest. Dann kann ich loslassen. Und dieses Loslassen ist die Bedingung für echte Lebendigkeit und für ein Leben in Freiheit.

Sei dankbar

David Steindl-Rast sagt: „Jede Dankbarkeit ist ein Ausdruck von Vertrauen. Jedes Misstrauen führt dazu, noch nicht einmal ein Geschenk als solches zu erkennen – wer könnte denn sicherstellen, dass es nicht ein Köder, ein Bestechungsversuch, eine Falle ist? Dankbarkeit hat den Mut zu vertrauen und überwindet so die Angst." Ein dankbarer Mensch, sagt Steindl-Rast, hat einen guten Blick für das Geschenk in jeder *gegebenen* Lage. Er erkennt die Gelegenheit, die selbst in der schlimmsten Situation immer mitgegeben ist. Und er ergreift diese Gelegenheit. Alles, wofür für dankbar sind – und nichts sonst im Leben – gibt uns Freude. Steindl-Rast hat Recht: Wenn ich einfach dankbar annehme, was mir ein Mensch und was mir Gott täglich schenkt, dann bin ich im Einklang mit mir und der Welt. Dann bekommt mein Leben einen neuen und angenehmen Geschmack.

Dankbarkeit bedeutet für mich: Einverstandensein mit meinem Leben, im Einklang sein mit dem, der ich geworden bin. Und sie heißt für mich: Einen tiefen inneren Frieden zu spüren, zu erkennen: Es ist alles gut, so wie es ist. Zugleich ist diese Dankbarkeit aber auch von der Haltung der Demut geprägt. Ich weiß, dass ich mir nichts einbilden kann auf das, was geworden ist. Es hätte auch anders kommen können. Gott hat mich nur soviel Dunkelheit und Chaos erleben lassen, wie ich aushalten konnte. Er hat mich nie über mein Maß hinaus gefordert und geprüft. Dankbarkeit bewahrt also auch vor Stolz und schützt mich davor, mir etwas einzubilden auf eigene Leistungen oder auf meine Fähigkeiten. Ich weiß, dass all das Geschenk ist, Geschenk von Gott, aber auch von den Menschen, denen ich viel zu verdanken habe. Von ihnen habe ich gelernt, auf das Leben zu vertrauen und in allem nach Gott Ausschau zu halten.

Quellen

Nachfolgend nicht aufgeführte Texte wurden eigens für diese Ausgabe verfasst. Die anderen Texte sind – zum Teil für den Zweck dieser Ausgabe leicht bearbeitet oder gekürzt – folgenden Werken von Anselm Grün entnommen:

Verwandle deine Angst: S. 15-23, 26, 34-38, 79-87, 89-95, 101-105, 122-127, 133-141, 145-148, 154-156.
Lass die Sorgen. Sei in Einklang: S. 24, 74, 96-98, 106, 142-144 157 f.
Kleines Buch vom guten Leben: S. 49 f, 109 f, 111.
Buch der Lebenskunst: S. 59.
Buch der Antworten: S. 60-63, 72 f, 114, 120 f, 130-132.
Bleib deinen Träumen auf der Spur: S. 64-66, 70, 88.
50 Helfer in der Not: S. 67-69, 107 f.
Zur inneren Balance finden: S. 150-152.
Im Zeitmaß der Mönche: S. 153.

Einfach leben – bewusster leben

160 Seiten | Gebunden
ISBN 978-3-451-00593-0

Die innere Mitte nicht verlieren. Leichtigkeit ins Leben lassen. Wie bleibt man ausgeglichen und wie lernt man Gleichmut? Darum geht es in Anselm Grüns inspirierender Schule der Lebenskunst: Sich Ziele setzen. Spannungen aushalten. Beziehungen entwickeln und zu sich kommen. Offen bleiben für das Leben. Und dabei die Freude einladen – jeden Tag.

304 Seiten | Gebunden
mit Schutzumschlag
und Leseband
ISBN 978-3-451-00657-9

Anselm Grün zeigt: Das Glück liegt in den einfachen Dingen des täglichen Lebens. Wir müssen nur wieder lernen, das Wunderbare im Alltäglichen zu erkennen. Wenn wir das Staunen wiederentdecken, verwandelt sich unser Leben. Unsere Seele atmet auf und schöpft neue Kraft. Staunen – Anselm Grüns Grundkurs für die Wunder des Alltäglichen, eine Einladung zum Glücklichsein.